Proverbios y cantares

Antonio

MACHADO

Proverbios y cantares

EL PAIS

CLÁSICOS DEL SIGLO XX

Miguel Yuste, 40
28037 Madrid

Diseño de la colección: Manuel Estrada

ISBN: 84-89669-63-5
Depósito legal: M-32.179-2003
Impreso en España por Mateu Cromo, S. A., Pinto (Madrid)

Proverbios
y cantares

Proverbios y cantares

Nunca perseguí la gloria
ni dejar en la memoria
de los hombres mi canción:
yo amo los mundos sutiles,
ingrávidos y gentiles
como pompas de jabón.
Me gusta verlos pintarse
de sol y grana, volar
bajo el cielo azul, temblar
súbitamente y quebrarse.

¿Para qué llamar caminos
a los surcos del azar?...
Todo el que camina anda,
como Jesús, sobre el mar.

A quien nos justifica nuestra desconfianza
llamamos enemigo, ladrón de una esperanza.

Jamás perdona el necio si ve la nuez vacía
que dio a cascar al diente de la sabiduría.

Nuestras horas son minutos
cuando esperamos saber,
y siglos cuando sabemos
lo que se puede aprender.

Ni vale nada el fruto
cogido sin sazón...
Ni aunque te elogie un bruto
ha de tener razón.

De lo que llaman los hombres
virtud, justicia y bondad,
una mitad es envidia.
y la otra no es caridad.

Yo he visto garras fieras en las pulidas manos;
conozco grajos mélicos y líricos marranos...
El más truhán se lleva la mano al corazón,
y el bruto más espeso se carga de razón.

En preguntar lo que sabes
el tiempo no has de perder...
Y a preguntas sin respuesta
¿quién te podrá responder?

El hombre, a quien el hambre de la rapiña acucia,
de ingénita malicia y natural astucia,
formó la inteligencia y acaparó la tierra.
¡Y aún la verdad proclama! ¡Supremo ardid de guerra!

La envidia de la virtud
hizo a Caín criminal.
¡Gloria a Caín! Hoy el vicio
es lo que se envidia más.

La mano del piadoso nos quita siempre honor;
mas nunca ofende al darnos su mano el lidiador.
Virtud es fortaleza, ser bueno es ser valiente;
escudo, espada y maza llevar bajo la frente;

porque el valor honrado de todas armas viste:
no sólo para, hiere, y más que aguarda, embiste.
Que la piqueta arruine y el látigo flagele;
la fragua ablande el hierro, la lima pula y gaste,
y que el buril burile, y que el cincel cincele,
la espada punce y hienda y el gran martillo aplaste.

¡Ojos que a la luz se abrieron
un día para, después,
ciegos tornar a la tierra,
hartos de mirar sin ver!

Es el mejor de los buenos
quien sabe que en esta vida
todo es cuestión de medida:
un poco más, algo menos...

Virtud es la alegría que alivia el corazón
más grave y desarruga el ceño de Catón.
El bueno es el que guarda, cual venta del camino,
para el sediento el agua, para el borracho el vino.

Cantad conmigo a coro: Saber, nada sabemos,
de arcano mar venimos, a ignota mar iremos...
Y entre los dos misterios está el enigma grave;
tres arcas cierra una desconocida llave.
La luz nada ilumina y el sabio nada enseña.
¿Qué dice la palabra? ¿Qué el agua de la peña?

El hombre es por natura la bestia paradójica,
un animal absurdo que necesita lógica.
Creó de nada un mundo y, su obra terminada,
«Ya estoy en el secreto —se dijo—, todo es nada».

El hombre sólo es rico en hipocresía.
En sus diez mil disfraces para engañar confía;
y con la doble llave que guarda su mansión
para la ajena hace ganzúa de ladrón.

¡Ah, cuando yo era niño
soñaba con los héroes de la Ilíada!
Ayax era más fuerte que Diomedes,
Héctor, más fuerte que Ayax,
y Aquiles el más fuerte; porque era
el más fuerte... ¡Inocencias de la infancia!

¡Ah, cuando yo era niño
soñaba con los héroes de la Ilíada!

El casca-nueces-vacías,
Colón de cien vanidades,
vive de supercherías
que vende como verdades.

¡Teresa, alma de fuego,
Juan de la Cruz, espíritu de llama,
por aquí hay mucho frío, padres, nuestros
corazoncitos de Jesús se apagan!

Ayer soñé que veía
a Dios y que a Dios hablaba;
y soñé que Dios me oía...
Después soñé que soñaba.

Cosas de hombres y mujeres,
los amoríos de ayer,
casi los tengo olvidados,
si fueron alguna vez.

No extrañéis, dulces amigos,
que esté mi frente arrugada:
yo vivo en paz con los hombres
y en guerra con mis entrañas.

De diez cabezas, nueve
embisten y una piensa.
Nunca extrañéis que un bruto
se descuerne luchando por la idea.

Las abejas de las flores
sacan miel, y melodía
del amor, los ruiseñores:
Dante y yo —perdón, señores—,
trocamos —perdón, Lucía—,
el amor en Teología.

Poned sobre los campos
un carbonero, un sabio y un poeta.
Veréis cómo el poeta admira y calla,

el sabio mira y piensa...
Seguramente, el carbonero busca
las moras o las setas.
Llevadlos al teatro
y sólo el carbonero no bosteza.
Quien prefiere lo vivo a lo pintado
es el hombre que piensa, canta o sueña.
El carbonero tiene
llena de fantasías la cabeza.

¿Dónde está la utilidad
de nuestras utilidades?
Volvamos a la verdad:
vanidad de vanidades.

Todo hombre tiene dos
batallas que pelear:
en sueños lucha con Dios;
y despierto, con el mar.

Caminante, son tus huellas
el camino, y nada más;
caminante, no hay camino,

se hace camino al andar.
Al andar se hace camino,
y al volver la vista atrás
se ve la senda que nunca
se ha de volver a pisar.
Caminante, no hay camino,
sino estelas en la mar.

El que espera desespera,
dice la voz popular.
¡Qué verdad tan verdadera!
La verdad es lo que es,
y sigue siendo verdad
aunque se piense al revés.

Corazón, ayer sonoro,
¿ya no suena
tu monedilla de oro?
Tu alcancía,
antes que el tiempo la rompa,
¿se irá quedando vacía?
Confiemos
en que no será verdad
nada de lo que sabemos.

¡Oh fe del meditabundo!
¡Oh fe después del pensar!
Sólo si viene un corazón al mundo
rebosa el vaso humano y se hincha el mar.

Soñé a Dios como una fragua
de fuego, que ablanda el hierro,
como un forjador de espadas,
como un bruñidor de aceros.
que iba firmando en las hojas
de luz: Libertad. Imperio.

Yo amo a Jesús, que nos dijo:
Cielo y tierra pasarán.
Cuando cielo y tierra pasen
mi palabra quedará.
¿Cuál fue, Jesús, tu palabra?
¿Amor? ¿Perdón? ¿Caridad?
Todas tus palabras fueron
una palabra: Velad.

Hay dos modos de conciencia:
una es luz, y otra, paciencia.
Una estriba en alumbrar
un poquito el hondo mar;
otra, en hacer penitencia
con caña o red, y esperar
el pez, como pescador.
Dime tú: ¿Cuál es mejor?
¿Conciencia de visionario
que mira en el hondo acuario
peces vivos,
fugitivos,
que no se pueden pescar,
o esa maldita faena
de ir arrojando a la arena,
muertos, los peces del mar?

Fe empirista. Ni somos ni seremos.
Todo nuestro vivir es emprestado.
Nada trajimos; nada llevaremos.

¿Dices que nada se crea?
No te importe, con el barro
de la tierra, haz una copa
para que beba tu hermano.

¿Dices que nada se crea?
Alfarero, a tus cacharros.
Haz tu copa y no te importe
si no puedes hacer barro.

Dicen que el ave divina,
trocada en pobre gallina,
por obra de las tijeras
de aquel sabio profesor
(fue Kant un esquilador
de las aves altaneras;
toda su filosofía,
un *sport* de cetrería),
dicen que quiere saltar
las tapias del corralón,
y volar
otra vez, hacia Platón.
¡Hurra! ¡Sea!
¡Feliz será quien lo vea!

Sí, cada uno y todos sobre la tierra iguales:
el ómnibus que arrastran dos pencos matalones,

por el camino, a tumbos, hacia las estaciones,
el ómnibus completo de viajeros banales,
y en medio un hombre mudo, hipocondríaco, austero,
a quien se cuentan cosas y a quien se ofrece vino...
Y allá, cuando se llegue, ¿descenderá un viajero
no más? ¿O habranse todos quedado en el camino?

Bueno es saber que los vasos
nos sirven para beber;
lo malo es que no sabemos
para qué sirve la sed.

¿Dices que nada se pierde?
Si esta copa de cristal
se me rompe, nunca en ella
beberé, nunca jamás.

Dices que nada se pierde
y acaso dices verdad,
pero todo lo perdemos
y todo nos perderá.

Todo pasa y todo queda,
pero lo nuestro es pasar,
pasar haciendo caminos,
caminos sobre la mar.

Morir... ¿Caer como gota
de mar en el mar inmenso?
¿O ser lo que nunca he sido:
uno, sin sombra y sin sueño,
un solitario que avanza
sin camino y sin espejo?

Anoche soñé que oía
a Dios, gritándome: ¡Alerta!
Luego era Dios quien dormía,
y yo gritaba: ¡Despierta!

Cuatro cosas tiene el hombre
que no sirven en la mar:
ancla, gobernalle y remos,
y miedo de naufragar.

Mirando mi calavera
un nuevo Hamlet dirá:
He aquí un lindo fósil de una
careta de carnaval.

Ya noto, al paso que me torno viejo,
que en el inmenso espejo,
donde orgulloso me miraba un día,
era el azogue lo que yo ponía.
Al espejo del fondo de mi casa
una mano fatal
va rayendo el azogue, y todo pasa
por él como la luz por el cristal.

—Nuestro español bosteza.
¿Es hambre? ¿Sueño? ¿Hastío?
Doctor, ¿tendrá el estómago vacío?
—El vacío es más bien en la cabeza.

Luz del alma, luz divina,
faro, antorcha, estrella, sol...
Un hombre a tientas camina;
lleva a la espalda un farol.

Discutiendo están dos mozos
si a la fiesta del lugar
irán por la carretera
o campo traviesa irán.
Discutiendo y disputando
empiezan a pelear.
Ya con las trancas de pino
furiosos golpes se dan;
ya se tiran de las barbas,
ya se las quieren pelar.
Ha pasado un carretero,
que va cantando un cantar:
«Romero, para ir a Roma,
lo que importa es caminar;
a Roma por todas partes,
por todas partes se va».

Ya hay un español que quiere
vivir y a vivir empieza,
entre una España que muere
y otra España que bosteza.
Españolito que vienes
al mundo, te guarde Dios.
Una de las dos Españas
ha de helarte el corazón.

Parábolas

Era un niño que soñaba
un caballo de cartón.
Abrió los ojos el niño
y el caballito no vio.
Con un caballito blanco
el niño volvió a soñar;
y por la crin lo cogía...
¡Ahora no te escaparás!
Apenas lo hubo cogido,
el niño se despertó.
Tenía el puño cerrado.
¡El caballito voló!
Quedose el niño muy serio
pensando que no es verdad
un caballito soñado.
Y ya no volvió a soñar.
Pero el niño se hizo mozo
y el mozo tuvo un amor,
y a su amada le decía:
¿Tú eres de verdad o no?
Cuando el mozo se hizo viejo
pensaba: Todo es soñar,

el caballito soñado
y el caballo de verdad.
Y cuando vino la muerte,
el viejo a su corazón
preguntaba: ¿Tú eres sueño?
¡Quién sabe si despertó!

A D. Vicente Ciurana

Sobre la limpia arena, en el tartesio llano
por donde acaba España y sigue el mar,
hay dos hombres que apoyan la cabeza en la mano;
uno duerme, y el otro parece meditar.
El uno, en la mañana de tibia primavera,
junto a la mar tranquila,
ha puesto entre sus ojos y el mar que reverbera,
los párpados, que borran el mar en la pupila.
Y se ha dormido, y sueña con el pastor Proteo,
que sabe los rebaños del marino guardar;
y sueña que le llaman las hijas de Nereo,
y ha oído a los caballos de Poseidón hablar.
El otro mira al agua. Su pensamiento flota:
hijo del mar, navega —o se pone a volar—.
Su pensamiento tiene un vuelo de gaviota,
que ha visto un pez de plata en el agua saltar.
Y piensa: «Es esta vida una ilusión marina
de un pescador que un día ya no puede pescar».
El soñador ha visto que el mar se le ilumina,
y sueña que es la muerte una ilusión del mar.

Érase de un marinero
que hizo un jardín junto al mar,
y se metió a jardinero.
Estaba el jardín en flor,
y el jardinero se fue
por esos mares de Dios.

Consejos

Sabe esperar, aguarda que la marea fluya
—así en la costa un barco— sin que al partir te inquiete.
Todo el que aguarda sabe que la victoria es suya;
porque la vida es larga y el arte es un juguete.
Y si la vida es corta
y no llega la mar a tu galera,
aguarda sin partir y siempre espera,
que el arte es largo y, además, no importa.

Profesión de fe

Dios no es el mar, está en el mar, riela
como luna en el agua, o aparece
como una blanca vela;

en el mar se despierta o se adormece.
Creó la mar, y nace
de la mar cual la nube y la tormenta;
es el Criador y la criatura lo hace;
su aliento es alma, y por el alma alienta.
Yo he de hacerte, mi Dios, cual tú me hiciste,
y para darte el alma que me diste
en mí te he de crear. Que el puro río
de caridad que fluye eternamente,
fluya en mi corazón. ¡Seca, Dios mío,
de una fe sin amor la turbia fuente!

El Dios que todos llevamos,
el Dios que todos hacemos,
el Dios que todos buscamos
y que nunca encontraremos.
Tres dioses o tres personas
del solo Dios verdadero.

Dice la razón: Busquemos
la verdad.
Y el corazón: Vanidad.
La verdad ya la tenemos.
La razón: ¡Ay, quién alcanza
la verdad!
El corazón: Vanidad.

La verdad es la esperanza.
Dice la razón: Tú mientes.
Y contesta el corazón:
Quien miente eres tú, razón,
que dices lo que no sientes.
La razón: Jamás podremos
entendernos, corazón.
El corazón: Lo veremos.

Cabeza meditadora,
¡qué lejos se oye el zumbido
de la abeja libadora!
Echaste un velo de sombra
sobre el bello mundo y vas
creyendo ver, porque mides
la sombra con un compás.
Mientras la abeja fabrica,
melifica,
con jugo de campo y sol,
yo voy echando verdades
que nada son, vanidades
al fondo de mi crisol.
De la mar al percepto,
del percepto al concepto,
del concepto a la idea
—¡oh, la linda tarea!—,
de la idea a la mar.
¡Y otra vez a empezar!

El mañana efímero

A Roberto Castrovido

La España de charanga y pandereta,
cerrado y sacristía,
devota de Frascuelo y de María,
de espíritu burlón y de alma inquieta,
ha de tener su mármol y su día,
su infalible mañana y su poeta.
El vano ayer engendrará un mañana
vacío y ¡por ventura! pasajero.
Será un joven lechuzo y tarambana,
un sayón con hechuras de bolero,
a la moda de Francia realista,
un poco al uso de París pagano,
y al estilo de España especialista
en el vicio al alcance de la mano.
Esa España inferior que ora y bosteza,
vieja y tahúr, zaragatera y triste;
esa España inferior que ora y embiste,
cuando se digna usar de la cabeza,
aún tendrá luengo parto de varones
amantes de sagradas tradiciones
y de sagradas formas y maneras;

florecerán las barbas apostólicas,
y otras calvas en otras calaveras
brillarán, venerables y católicas.
El vano ayer engendrará un mañana
vacío y ¡por ventura! pasajero,
la sombra de un lechuzo tarambana,
de un sayón con hechuras de bolero;
el vacuo ayer dará un mañana huero.
Como la náusea de un borracho ahíto
de vino malo, un rojo sol corona
de heces turbias las cumbres de granito;
hay un mañana estomagante escrito
en la tarde pragmática y dulzona.
Mas otra España nace,
la España del cincel y de la maza,
con esa eterna juventud que se hace
del pasado macizo de la raza.
Una España implacable y redentora,
España que alborea
con un hacha en la mano vengadora.
España de la rabia y de la idea.

Nuevas canciones (1917-1930)

Olivo del camino

A la memoria de D. Cristóbal Torres

Parejo de la encina castellana
crecida sobre el páramo, señero
en los campos de Córdoba la llana
que dieron su caballo al Romancero,
lejos de tus hermanos
que vela el ceño campesino —enjutos
pobladores de lomas y altozanos,
horros de sombra, grávidos de frutos—,
sin caricia de mano labradora
que limpie tu ramaje, y por olvido,
viejo olivo, del hacha leñadora,
¡cuán bello estás junto a la fuente erguido,
bajo este azul cobalto,
como un árbol silvestre, espeso y alto!

Hoy, a tu sombra, quiero
ver estos campos de mi Andalucía,
como a la vera ayer del Alto Duero

la hermosa tierra de encinar veía.
Olivo solitario,
lejos del olivar, junto a la fuente,
olivo hospitalario
que das tu sombra a un hombre pensativo
y a un agua transparente,
al borde del camino que blanquea,
guarde tus verdes ramas, viejo olivo,
la diosa de ojos glaucos, Atenea.

Busque tu rama verde el suplicante
para el templo de un dios, árbol sombrío;
Deméter jadeante
pose a tu sombra, bajo el sol de estío.
Que reflorezca el día
en que la diosa huyó del ancho Urano,
cruzó la espalda de la mar bravía,
llegó a la tierra en que madura el grano.
Y en su querida Eleusis, fatigada,
sentose a reposar junto al camino,
ceñido el peplo, yerta la mirada,
lleno de angustia el corazón divino...
Bajo tus ramas, viejo olivo, quiero
un día recordar del sol de Homero.

Al palacio de un rey llegó la dea,
sólo divina en el mirar sereno,
ocultando su forma gigantea
de joven talle y redondo seno,
trocado el manto azul por burda lana,
como sierva propicia a la tarea
de humilde oficio con que el pan se gana.
De Keleos la esposa venerable,
que daba al hijo en su vejez nacido,
a Demofón, un pecho miserable,
la reina de los bucles de ceniza,
del niño bien amado
a Deméter tomó para nodriza.
Y el niño floreció como criado
en brazos de una diosa,
o en las selvas feraces
—así el bastardo de Afrodita hermosa—
al seno de las ninfas montaraces.

Mas siempre el ceño maternal espía,
y una noche, celando a la extranjera,
vio la reina una llama. En roja hoguera
a Demofón, el príncipe lozano,
Deméter impasible revolvía,
y al cuello, al torso, al vientre, con su mano
una sierpe de fuego le ceñía.
Del regio lecho, en la aromada alcoba,

saltó la madre; al corredor sombrío
salió gritando, aullando, como loba
herida en las entrañas: ¡hijo mío!

Deméter la miró con faz severa.
—Tal es, raza mortal, tu cobardía.
Mi llama el fuego de los dioses era.
Y al niño, que en sus brazos sonreía:
—Yo soy Deméter que los frutos grana,
¡oh príncipe nutrido por mi aliento,
y en mis brazos más rojo que manzana
madurada en otoño al sol y al viento!...
Vuelve al halda materna, y tu nodriza
no olvides, Demofón, que fue una diosa;
ella trocó en maciza
tu floja carne y la tiñó de rosa,
y te dio el ancho torso, el brazo fuerte,
y más te quiso dar y más te diera:
con la llama que libra de la muerte,
la eterna juventud por compañera.

La madre de la bella Proserpina
trocó en moreno grano,
para el sabroso pan de blanca harina,
aguas de abril y soles de verano.

Trigales y trigales ha corrido
la rubia diosa de la hoz dorada,
y del campo a las eras del ejido,
con sus montes de mies agavillada,
llegaron los huesudos bueyes rojos,
la testa dolorida al yugo atada,
y con la tarde ubérrima en los ojos.
De segados trigales y alcaceles
hizo el fuego sequizos rastrojales;
en el huerto rezuma el higo mieles,
cuelga la oronda pera en los perales,
hay en las vides rubios moscateles,
y racimos de rosa en los parrales
que festonan la blanca almacería
de los huertos. Ya irá de glauca a bruna,
por llano, loma, alcor y serranía,
de los verdes olivos la aceituna...
Tu fruto, ¡oh polvoriento del camino
árbol ahíto de la estiva llama!
no estrujarán las piedras del molino,
aguardará la fiesta, en la alta rama,
del alegre zorzal, o el estornino
lo llevará en su pico, alborozado.
Que en tu ramaje luzca, árbol sagrado,
bajo la luna llena,
el ojo encandilado
del búho insomne de la sabia Atena.
Y que la diosa de la hoz bruñida
y de la adusta frente

materna sed y angustia de uranida
traiga a tu sombra, olivo de la fuente.
Y con tus ramas la divina hoguera
encienda en un hogar del campo mío,
por donde tuerce perezoso un río
que toda la campiña hace ribera
antes que un pueblo, hacia la mar, navío.

Apuntes

Desde mi ventana,
¡campo de Baeza,
a la luna clara!
¡Montes de Cazorla,
Aznaitín y Mágina!
¡De luna y de piedra
también los cachorros
de Sierra Morena!

Sobre el olivar.
se vio a la lechuza
volar y volar.
Campo, campo, campo.
Entre los olivos,
los cortijos blancos.
Y la encina negra,
a medio camino
de Úbeda a Baeza.

Por un ventanal,
entró la lechuza
en la catedral.
San Cristobalón
la quiso espantar,
al ver que bebía
del velón de aceite
de Santa María.
La Virgen habló:
Déjala que beba,
San Cristobalón.

Sobre el olivar,
se vio a la lechuza
volar y volar.
A Santa María
un ramito verde
volando traía.
¡Campo de Baeza,
soñaré contigo
cuando no te vea!

Dondequiera vaya,
José de Mairena

lleva su guitarra.
Su guitarra lleva,
cuando va a caballo,
a la bandolera.
Y lleva el caballo
con la rienda corta,
la cerviz en alto.

¡Pardos borriquillos
de ramón cargados,
entre los olivos!

¡Tus sendas de cabras
y tus madroñeras,
Córdoba serrana!

¡La del Romancero,
Córdoba la llana!...
Guadalquivir hace vega,
el campo relincha y brama.

Los olivos grises,
los caminos blancos.
El sol ha sorbido
la calor del campo:
y hasta tu recuerdo
me lo va secando
este alma de polvo
de los días malos.

Hacia tierra baja

Rejas de hierro; rosas de grana.
¿A quién esperas,
con esos ojos y esas ojeras,
enjauladita como las fieras,
tras de los hierros de tu ventana?
Entre las rejas y los rosales,
¿sueñas amores
de bandoleros galanteadores,
fieros amores entre puñales?
Rondar tu calle nunca verás
ese que esperas; porque se fue
toda la España de Mérimée.
Por esta calle —tú elegirás—
pasa un notario
que va al tresillo del boticario,
y un usurero, a su rosario.
También yo paso, viejo y tristón.
Dentro del pecho llevo un león.

Aunque me ves por la calle,
también yo tengo mis rejas,
mis rejas y mis rosales.

Un mesón de mi camino.
Con un gesto de vestal,
tú sirves el rojo vino
de una orgía de arrabal.
Los borrachos
de los ojos vivarachos
y la lengua fanfarrona
te requiebran, ¡oh varona!
Y otros borrachos suspiran
por tus ojos de diamante,
tus ojos que a nadie miran.
A la altura de tus senos,
la batea rebosante
llega en tus brazos morenos.
¡Oh mujer,
dame también de beber!

Una noche de verano.
El tren hacia el puerto va,
devorando aire marino.
Aún no se ve la mar.

Cuando lleguemos al puerto,
niña, verás
un abanico de nácar
que brilla sobre la mar.

A una japonesa
le dijo Sokán:
con la blanca luna
te abanicarás,
con la blanca luna,
a orillas del mar.

Una noche de verano,
en la playa de Sanlúcar,
oí una voz que cantaba:
Antes que salga la luna.
Antes que salga la luna,
a la vera de la mar,
dos palabritas a solas
contigo tengo de hablar.
¡Playa de Sanlúcar,
noche de verano,
copla solitaria
junto al mar amargo!
¡A la orillita del agua,
por donde nadie nos vea,
antes que la luna salga!

Galerías

En el azul la banda
de unos pájaros negros
que chillan, aletean y se posan
en el álamo yerto.
... En el desnudo álamo,
las graves chovas quietas y en silencio,
cual negras, frías notas
escritas en la pauta de febrero.

El monte azul, el río, las erectas
varas cobrizas de los finos álamos,
y el blanco del almendro en la colina,
¡oh nieve en flor y mariposa en árbol!
Con el aroma del habar, el viento
corre en la alegre soledad del campo.

Una centella blanca
en la nube de plomo culebrea.

¡Los asombrados ojos
del niño, y juntas cejas
—está el salón oscuro— de la madre!...
¡Oh cerrado balcón a la tormenta!
El viento aborrascado y el granizo
en el limpio cristal repiquetean.

El iris y el balcón.
                    Las siete cuerdas
de la lira del sol vibran en sueños.
Un tímpano infantil da siete golpes
—agua y cristal—.
                    Acacias con jilgueros.
Cigüeñas en las torres.
                    En la plaza,
lavó la lluvia el mirto polvoriento.
En el amplio rectángulo ¿quién puso
ese grupo de vírgenes risueño,
y arriba ¡hosanna! entre la rota nube,
la palma de oro y el azul sereno?

Entre montes de almagre y peñas grises,
el tren devora su raíl de acero.
La hilera de brillantes ventanillas
lleva un doble perfil de camafeo,

tras el cristal de plata, repetido...
¿Quién ha punzado el corazón del tiempo?

¿Quién puso, entre las rocas de ceniza,
para la miel del sueño,
esas retamas de oro
y esas azules flores del romero?
La sierra de violeta
y, en el poniente, el azafrán del cielo,
¿quién ha pintado? ¡El abejar, la ermita,
el tajo sobre el río, el sempiterno
rodar del agua entre las hondas peñas,
y el rubio verde de los campos nuevos,
y todo, hasta la tierra blanca y rosa
al pie de los almendros!

En el silencio sigue
la lira pitagórica vibrando,
el iris en la luz, la luz que llena
mi estereoscopio vano.
Han cegado mis ojos las cenizas
del fuego heraclitano.
El mundo es, un momento,
transparente, vacío, ciego, alado.

La luna, la sombra y el bufón

Fuera, la luna platea
cúpulas, torres, tejados:
dentro, mi sombra pasea
por los muros encalados.
Con esta luna, parece
que hasta la sombra envejece.
Ahorremos la serenata
de una cenestesia ingrata,
y una vejez intranquila,
y una luna de hojalata.
Cierra tu balcón, Lucila.

Se pinta panza y joroba
en la pared de mi alcoba.
Canta el bufón:
¡Qué bien van,
en un rostro de cartón,
unas barbas de azafrán!
Lucila, cierra el balcón.

Canciones de tierras altas

Por la sierra blanca...
La nieve menuda
y el viento de cara.
Por entre los pinos...
con la blanca nieve
se borra el camino.
Recio viento sopla
de Urbión a Moncayo.
¡Páramos de Soria!

Ya habrá cigüeñas al sol,
mirando la tarde roja,
entre Moncayo y Urbión.

Se abrió la puerta que tiene
gonces en mi corazón,
y otra vez la galería

de mi historia apareció.
Otra vez la plazoleta
de las acacias en flor,
y otra vez la fuente clara
cuenta un romance de amor.

Es la parda encina
y el yermo de piedra.
Cuando el sol tramonta,
el río despierta.
¡Oh montes lejanos
de malva y violeta!
En el aire en sombra
sólo el río suena.
¡Luna amoratada
de una tarde vieja,
en un campo frío,
más luna que tierra!

Soria de montes azules
y de yermos de violeta,
¡cuántas veces te he soñado
en esta florida vega
por donde se va,
entre naranjos de oro,
Guadalquivir a la mar!

¡Cuántas veces me borraste,
tierra de ceniza,
estos limonares verdes
con sombras de tus encinas!
¡Oh campos de Dios,
entre Urbión el de Castilla
y Moncayo el de Aragón!

En Córdoba, la serrana,
en Sevilla, marinera
y labradora, que tiene
hinchada, hacia el mar, la vela;
y en el ancho llano
por donde la arena sorbe
la baba del mar amargo,
hacia la fuente del Duero
mi corazón —¡Soria pura!—
se tornaba... ¡Oh, fronteriza
entre la tierra y la luna!
¡Alta paramera
donde corre el Duero niño,
tierra donde está su tierra!

El río despierta.
En el aire obscuro,
sólo el río suena.
¡Oh canción amarga
del agua en la piedra!
... Hacia el alto Espino,
bajo las estrellas.
Sólo suena el río
al fondo del valle,
bajo el alto Espino.

En medio del campo,
tiene la ventana abierta
la ermita sin ermitaño.
Un tejadillo verdoso.
Cuatro muros blancos.
Lejos relumbra la piedra
del áspero Guadarrama.
Agua que brilla y no suena.
En el aire claro,
¡los alamillos del soto,
sin hojas, liras de marzo!

Iris de la noche

A D. Ramón del Valle-Inclán

Hacia Madrid, una noche,
va el tren por el Guadarrama.
En el cielo, el arco iris
que hacen la luna y el agua.
¡Oh luna de abril, serena,
que empuja las nubes blancas!
La madre lleva a su niño,
dormido, sobre la falda.
Duerme el niño y, todavía,
ve el campo verde que pasa,
y arbolillos soleados,
y mariposas doradas.
La madre, ceño sombrío
entre un ayer y un mañana,
ve unas ascuas mortecinas
y una hornilla con arañas.
Hay un trágico viajero,
que debe ver cosas raras,
y habla solo y, cuando mira,
nos borra con la mirada.
Yo pienso en campos de nieve
y en pinos de otras montañas.
Y tú, Señor, por quien todos
vemos y que ves las almas,
dinos si todos, un día,
hemos de verte la cara.

Canciones

Junto a la sierra florida,
bulle el ancho mar.
El panal de mis abejas
tiene granitos de sal.

Junto al agua negra.
Olor de mar y jazmines.
Noche malagueña.

La primavera ha venido.
Nadie sabe cómo ha sido.

La primavera ha venido.
¡Aleluyas blancas
de los zarzales floridos!

¡Luna llena, luna llena,
tan oronda, tan redonda
en esta noche serena
de marzo, panal de luz
que labran blancas abejas!

Noche castellana;
la canción se dice,
o, mejor, se calla.
Cuando duerman todos,
saldré a la ventana.

Canta, canta en claro ritmo,
el almendro en verde rama
y el doble sauce del río.
Canta de la parda encina
la rama que el hacha corta
y la flor que nadie mira.
De los perales del huerto
la blanca flor, la rosada
flor del melocotonero.
Y este olor
que arranca el viento mojado
a los habares en flor.

La fuente y las cuatro
acacias en flor
de la plazoleta.
Ya no quema el sol.
¡Tardecita alegre!
Canta, ruiseñor.
Es la misma hora
de mi corazón.

¡Blanca hospedería,
celda de viajero,
con la sombra mía!

El acueducto romano
—canta una voz de mi tierra—
y el querer que nos tenemos,
chiquilla, ¡vaya firmeza!

A las palabras de amor
les sienta bien su poquito
de exageración.

En Santo Domingo,
la misa mayor.
Aunque me decían
hereje y masón,
rezando contigo,
¡cuánta devoción!

Hay fiesta en el prado verde
—pífano y tambor—.
Con su cayado florido
y abarcas de oro vino un pastor.
Del monte bajé,
sólo por bailar con ella;
al monte me tornaré.
En los árboles del huerto
hay un ruiseñor;
canta de noche y de día,
canta a la luna y al sol.
Ronco de cantar:
al huerto vendrá la niña
y una rosa cortará.
Entre las negras encinas
hay una fuente de piedra,
y un cantarillo de barro

que nunca se llena.
Por el encinar.
con la blanca luna,
ella volverá.

Contigo en Valonsadero,
fiesta de San Juan,
mañana en la Pampa,
del otro lado del mar.
Guárdame la fe,
que yo volveré.
Mañana seré pampero,
y se me irá el corazón
a orillas del Alto Duero.

Mientras danzáis en corro,
niñas, cantad:
Ya están los prados verdes,
ya vino Abril galán.
A la orilla del río,
por el negro encinar,
sus abarcas de plata
hemos visto brillar.
Ya están los prados verdes,
ya vino Abril galán.

Canciones del Alto Duero

Canción de mozas

Molinero es mi amante,
tiene un molino
bajo los pinos verdes,
cerca del río.
Niñas, cantad:
«Por las tierras de Soria
yo quisiera pasar».

Por las tierras de Soria
va mi pastor.
¡Si yo fuera una encina
sobre un alcor!
Para la siesta,
si yo fuera una encina
sombra le diera.

Colmenero es mi amante,
y, en su abejar,

abejicas de oro
vienen y van.
De tu colmena,
colmenero del alma,
yo colmenera.

En las sierras de Soria,
azul y nieve,
leñador es mi amante
de pinos verdes.
¡Quién fuera el águila
para ver a mi dueño
cortando ramas!

Hortelano es mi amante,
tiene su huerto,
en la tierra de Soria,
cerca del Duero.
¡Linda hortelana!
Llevaré saya verde,
monjil de grana.

A la orilla del Duero,
lindas peonzas,

bailad, coloraditas
como amapolas.
¡Ay, garabí!...
Bailad, suene la flauta
y el tamboril.

Proverbios y cantares

A José Ortega y Gasset

El ojo que ves no es
ojo porque tú lo veas;
es ojo porque te ve.

Para dialogar,
preguntad primero;
después... escuchad.

Todo narcisismo
es un vicio feo,
y ya viejo vicio.

Mas busca en tu espejo al otro,
al otro que va contigo.

Entre el vivir y el soñar
hay una tercera cosa.
Adivínala.

Ese tu Narciso
ya no se ve en el espejo
porque es el espejo mismo.

¿Siglo nuevo? ¿Todavía
llamea la misma fragua?
¿Corre todavía el agua
por el cauce que tenía?

Hoy es siempre todavía.

Sol en Aries. Mi ventana
está abierta al aire frío.
—¡Oh rumor de agua lejana!—.
La tarde despierta al río.

En el viejo caserío
—¡oh anchas torres con cigüeñas!—
enmudece el son gregario,
y en el campo solitario
suena el agua entre las peñas.

Como otra vez, mi atención
está del agua cautiva:
pero del agua en la viva
roca de mi corazón.

¿Sabes, cuando el agua suena,
si es agua de cumbre o valle,
de plaza, jardín o huerta?

Encuentro lo que no busco:
las hojas del toronjil
huelen a limón maduro.

Nunca traces tu frontera,
ni cuides de tu perfil;
todo eso es cosa de fuera.

Busca a tu complementario,
que marcha siempre contigo,
y suele ser tu contrario.

Si vino la primavera,
volad a las flores;
no chupéis cera.

En mi soledad
he visto cosas muy claras,
que no son verdad.

Buena es el agua y la sed;
buena es la sombra y el sol;
la miel de flor de romero,
la miel de campo sin flor.

A la vera del camino
hay una fuente de piedra,
y un cantarillo de barro
—gluglú— que nadie se lleva.

Adivina adivinanza,
qué quieren decir la fuente,
el cantarillo y el agua.

... Pero yo he visto beber
hasta en los charcos del suelo.
Caprichos tiene la sed.

Sólo quede un símbolo:
quod elixum est ne asato.
No aséis lo que está cocido.

Canta, canta, canta,
junto a su tomate,
el grillo en su jaula.

Despacito y buena letra:
el hacer las cosas bien
importa más que el hacerlas.

Sin embargo...
¡Ah!, sin embargo,
importa avivar los remos,
dijo el caracol al galgo.

¡Ya hay hombres activos!
Soñaba la charca
con sus mosquitos.

¡Oh calavera vacía!
¡Y pensar que todo era
dentro de ti, calavera!,
otro Pandolfo decía.

Cantores, dejad
palmas y jaleo
para los demás.

Despertad, cantores:
acaben los ecos,
empiecen las voces.

Mas no busquéis disonancias;
porque, al fin, nada disuena,
siempre al son que tocan bailan.

Luchador superfluo,
ayer lo más noble,
mañana lo más plebeyo.

Camorrista, boxeador,
zúrratelas con el viento.

Sin embargo...
¡Oh!, sin embargo,
queda fetiche que aguarda
ofrenda de puñetazos.

O *rinnovarsi* o *perire*...
No me suena bien
Navigare è necessario...
Mejor: ¡vivir para ver!

Ya maduró un nuevo cero,
que tendrá su devoción:
un ente de acción tan huero
como un ente de razón.

No es el yo fundamental
eso que busca el poeta,
sino el tú esencial.

Viejo como el mundo es
—dijo un doctor—, olvidado,

por sabido, y enterrado
cual la momia de Ramsés.

Mas el doctor no sabía
que hoy es siempre todavía.

Busca en tu prójimo espejo:
pero no para afeitarte,
ni para teñirte el pelo.

Los ojos por que suspiras,
sábelo bien,
los ojos en que te miras
son ojos porque te ven.

—Ya se oyen palabras viejas.
—Pues aguzad las orejas.

Enseña el Cristo: a tu prójimo
amarás como a ti mismo,
mas nunca olvides que es otro.

Dijo otra verdad:
busca el tú que nunca es tuyo
ni puede serlo jamás.

No desdeñéis la palabra;
el mundo es ruidoso y mudo,
poetas, sólo Dios habla.

¿Todo para los demás?
Mancebo, llena tu jarro,
que ya te lo beberán.

Se miente más de la cuenta
por falta de fantasía:
también la verdad se inventa.

Autores, la escena acaba
con un dogma de teatro:
En el principio era la máscara.

Será el peor de los malos
bribón que olvide
su vocación de diablo.

¿Dijiste media verdad?
Dirán que mientes dos veces
si dices la otra mitad.

Con el tú de mi canción
no te aludo, compañero;
ese tú soy yo.

Demos tiempo al tiempo:
para que el vaso rebose
hay que llenarlo primero.

Hora de mi corazón:
la hora de una esperanza
y una desesperación.

Tras el vivir y el soñar,
está lo que más importa:
despertar.

Le tiembla al cantar la voz.
Ya no le silban sus coplas,
que silba su corazón.

Ya hubo quien pensó:
Cogito ergo non sum.
¡Qué exageración!

Conversación de gitanos:
—¿Cómo vamos, compadrito?
—Dando vueltas al atajo.

Algunos desesperados
sólo se curan con soga;
otros con siete palabras:
la fe se ha puesto de moda.

Creí mi hogar apagado,
y revolví la ceniza...
Me quemé la mano.

¡Reventó de risa!
¡Un hombre tan serio!
... Nadie lo diría.

Que se divida el trabajo:
los malos unten la flecha;
los buenos tiendan el arco.

Como don San Tob,
se tiñe las canas,
y con más razón.

Por dar al viento trabajo,
cosía con hilo doble
las hojas secas del árbol.

Sentía los cuatro vientos,
en la encrucijada
de su pensamiento.

¿Conoces los invisibles
hiladores de los sueños?
Son dos: la verde esperanza
y el torvo miedo.
Apuesta tienen de quién
hile más y más ligero,
ella, su copo dorado;
él, su copo negro.
Con el hilo que nos dan
tejemos, cuando tejemos.

Siembra la malva:
pero no la comas,

dijo Pitágoras.
Responde al hachazo
—ha dicho el Buda ¡y el Cristo!—
con tu aroma, como el sándalo.
Bueno es recordar
las palabras viejas
que han de volver a sonar.

Poned atención:
un corazón solitario
no es un corazón.

Abejas, cantores,
no a la miel, sino a las flores.

Todo necio
confunde valor y precio.

Lo ha visto pasar en sueños...
Buen cazador de sí mismo,
siempre en acecho.

Cazó a su hombre malo,
el de los días azules,
siempre cabizbajo.

Da doble luz a tu verso,
para leído de frente
y al sesgo.

Mas no te importe si rueda
y pasa de mano en mano:
del oro se hace moneda.

De un *Arte de Bien Comer,*
primera lección:
No has de coger la cuchara
con el tenedor.

Señor San Jerónimo,
suelte usted la piedra

con que se machaca.
Me pegó con ella.

Conversación de gitanos:
—Para rodear,
toma la calle de en medio;
nunca llegarás.

El tono lo da la lengua,
ni más alto ni más bajo;
sólo acompáñate de ella.

¡Tartarín en Koenigsberg!
Con el puño en la mejilla,
todo lo llegó a saber.

Crisolad oro en copela,
y burilad lira y arco
no en joya, sino en moneda.

Del romance castellano
no busques la sal castiza;
mejor que romance viejo,
poeta, cantar de niñas.
Déjale lo que no puedes
quitarle: su melodía
de cantar que canta y cuenta
un ayer que es todavía.

Concepto mondo y lirondo
suele ser cáscara hueca;
puede ser caldera al rojo.

Si vivir es bueno,
es mejor soñar,
y mejor que todo,
madre, despertar.

No el sol, sino la campana,
cuando te despierta, es
lo mejor de la mañana.

¡Qué gracia! En la Hesperia triste,
promontorio occidental,
en este cansino rabo
de Europa, por desollar,
y en una ciudad antigua,
chiquita como un dedal,
¡el hombrecillo que fuma
y piensa, y ríe al pensar:
cayeron las altas torres;
en un basurero están
la corona de Guillermo,
la testa de Nicolás!

Entre las brevas soy blando;
entre las rocas, de piedra.
¡Malo!

¿Tu verdad? No, la Verdad,
y ven conmigo a buscarla.
La tuya, guárdatela.

Tengo a mis amigos
en mi soledad;
cuando estoy con ellos
¡qué lejos están!

¡Oh Guadalquivir!
Te vi en Cazorla nacer;
hoy, en Sanlúcar morir.
Un borbollón de agua clara,
debajo de un pino verde,
eras tú, ¡qué bien sonabas!
Como yo, cerca del mar,
río de barro salobre,
¿sueñas con tu manantial?

El pensamiento barroco
pinta virutas de fuego,
hincha y complica el decoro.

Sin embargo...
—Oh, sin embargo,
hay siempre un ascua de veras
en su incendio de teatro.

¿Ya de su color se avergüenzan
las hojas de la albahaca,
salvias y alhucemas?

Siempre en alto, siempre en alto.
¿Renovación? Desde arriba.
Dijo la cucaña al árbol.

Dijo el árbol: Teme al hacha,
palo clavado en el suelo:
contigo la poda es tala.

¿Cuál es la verdad? ¿El río
que fluye y pasa
donde el barco y barquero
son también ondas del agua?
¿O este soñar del marino
siempre con ribera y ancla?

Doy consejo, a fuer de viejo:
nunca sigas mi consejo.

Pero tampoco es razón
desdeñar
consejo que es confesión.

¿Ya sientes la savia nueva?
Cuida, arbolillo,
que nadie lo sepa.

Cuida de que no se entere
la cucaña seca
de tus ojos verdes.

Tu profecía, poeta.
—Mañana hablarán los mudos:
el corazón y la piedra.

—¿Mas el arte?...
—Es puro juego,
que es igual a pura vida,
que es igual a puro fuego.
Veréis el ascua encendida.

Parergon

Al gigante ibérico Miguel de Unamuno
por quien la España actual alcanza
proceridad en el mundo

Los ojos

Cuando murió su amada
pensó en hacerse viejo
en la mansión cerrada,
solo, con su memoria y el espejo
donde ella se miraba un claro día.
Como el oro en el arca del avaro,
pensó que no guardaría
todo un ayer en el espejo claro.
Ya el tiempo para él no correría.

Mas, pasado el primer aniversario,
¿cómo eran —preguntó—, pardos o negros,
sus ojos? ¿Glaucos?... ¿Grises?
¿Cómo eran, ¡Santo Dios!, que no recuerdo?...

Salió a la calle un día
de primavera, y paseó en silencio
su doble luto, el corazón cerrado...
De una ventana en el sombrío hueco
vio unos ojos brillar. Bajó los suyos
y siguió su camino... ¡Como ésos!

El viaje

—Niña, me voy a la mar.
—Si no me llevas contigo
te olvidaré, capitán.
En el puente de su barco
quedó el capitán dormido;
durmió soñando con ella;
¡Si no me llevas contigo!...
Cuando volvió de la mar
trajo un papagayo verde.
¡Te olvidaré, capitán!
Y otra vez la mar cruzó
con su papagayo verde,
¡Capitán, ya te olvidó!

Soledades a un maestro

No es profesor de energía
Francisco de Icaza,
sino de melancolía.

De su raza vieja
tiene la palabra corta,
honda la sentencia.

Como el olivar,
mucho fruto lleva,
poca sombra da.

En su claro verso
se canta y medita
sin grito ni ceño.

Y en perfecto rimo
—así a la vera del agua
el doble chopo del río—.

Sus cantares llevan
agua de remanso,
que parece quieta.
Y que no lo está;
mas no tiene prisa
por ir a la mar.

Tienen sus canciones
aromas y acíbar
de viejos amores.
Y del indio sol
madurez de fruta
de rico sabor.

Francisco de Icaza,
de la España vieja
y de Nueva España,
que en áureo centén
se graben tu lira
y tu perfil de virrey.

Los sueños dialogados

¡Cómo en alto llano tu figura
se me aparece!... Mi palabra evoca
el prado verde y la árida llanura,
la zarza en flor, la cenicienta roca.
Y al recuerdo obediente, negra encina
brota en el cerro, baja el chopo al río;
el pastor va subiendo a la colina;
brilla un balcón en la ciudad: el mío,
el nuestro. ¿Ves? Hacia Aragón, lejana,
la sierra de Moncayo, blanca y rosa...
Mira el incendio de esa nube grana,
y aquella estrella en el azul, esposa.
Tras el Duero, la loma de Santana
se amorata en la tarde silenciosa.

¡Por qué, decisme, hacia los altos llanos
huye mi corazón de esta ribera,
y en tierra labradora y marinera
suspiro por los yermos castellanos?

Nadie elige su amor. Llevome un día
mi destino a los grises calvijares
donde ahuyenta al caer la nieve fría
las sombras de los muertos encinares.
De aquel trozo de España, alto y roquero,
hoy traigo a ti, Guadalquivir florido,
una mata del áspero romero.
Mi corazón está donde ha nacido,
no a la vida, al amor, cerca del Duero...
¡El muro blanco y el ciprés erguido!

Las ascuas de un crepúsculo, señora,
rota la parda nube de tormenta,
han pintado en la roca cenicienta
de lueñe cerro un resplandor de aurora.
Una aurora cuajada en roca fría,
que es asombro y pavor del caminante
más que fiero león en claro día
o en garganta de monte osa gigante.
Con el incendio de un amor, prendido
al turbio sueño de esperanza y miedo,
yo voy hacia la mar, hacia el olvido
—y no como a la noche ese roquedo,
al girar del planeta ensombrecido—.
No me llaméis, porque tornar no puedo.

¡Oh soledad, mi sola compañía,
oh musa del portento, que el vocablo
diste a mi voz que nunca te pedía!,
responde a mi pregunta: ¿con quién hablo?
Ausente de ruidosa mascarada,
divierto mi tristeza sin amigo,
contigo, dueña de la faz velada,
siempre velada al dialogar conmigo.
Hoy pienso: este que soy será quien sea;
no es ya mi grave enigma este semblante
que en el íntimo espejo se recrea,
sino el misterio de tu voz amante.
Descúbreme tu rostro, que yo vea
fijos en mí tus ojos de diamante.

De mi cartera

Ni mármol duro y eterno,
ni música ni pintura,
sino palabra en el tiempo.

Canto y cuento es la poesía.
Se canta una viva historia,
contando su melodía.

Crea el alma sus riberas:
montes de ceniza y plomo,
sotillos de primavera.

Toda la imaginería
que no ha brotado del río,
barata bisutería.

Prefiere la rima pobre,
la asonancia indefinida.
Cuando nada cuenta el canto,
acaso huelga la rima.

Verso libre, verso libre...
Líbrate, mejor, del verso
cuando te esclavice.

La rima verbal y pobre,
y temporal, es la rica.
El adjetivo y el nombre,
remansos del agua limpia,
son accidentes del verbo
en la gramática lírica,
del Hoy que será Mañana,
del Ayer que es Todavía.

1924

Sonetos

Tuvo mi corazón, encrucijada
de cien caminos, todos pasajeros,
un gentío sin cita ni posada,
como en andén ruidoso de viajeros.
Hizo a los cuatro vientos su jornada,
disperso el corazón por cien senderos
de llana tierra o piedra aborrascada,
y a la suerte, en el mar, de cien veleros.
Hoy, enjambre que torna a su colmena
cuando el bando de cuervos enronquece
en busca de su peña denegrida,
vuelve mi corazón a su faena,
con néctares del campo que florece
y el luto de la tarde desabrida.

Verás la maravilla del camino,
camino de soñada Compostela
—¡oh monte lila y flavo!—, peregrino,
en un llano, entre chopos de candela.
Otoño con dos ríos ha dorado

el cerco del gigante centinela
de piedra y luz, prodigio torreado
que en el azul sin mancha se modela.
Verás en la llanura una jauría
de agudos galgos y un señor de caza,
cabalgando a lejana serranía,
vano fantasma de una vieja raza.
Debes entrar cuando en la tarde fría
brille un balcón de la desierta plaza.

¿Empañé tu memoria? ¡Cuántas veces!
La vida baja como un ancho río,
y cuando lleva al mar alto navío
va con cieno verdoso y turbias heces.
Y más si hubo tormenta en sus orillas,
y él arrastra el botín de la tormenta,
si en su cielo la nube cenicienta
se incendió de centellas amarillas.
Pero aunque fluya hacia la mar ignota,
es la vida también agua de fuente
que de claro venero, gota a gota,
o ruidoso penacho de torrente,
bajo el azul, sobre la piedra brota.
Y allí suena tu nombre ¡eternamente!

Esta luz de Sevilla... Es el palacio
donde nací, con su rumor de fuente.

Mi padre, en su despacho. —La alta frente,
la breve mosca, y el bigote lacio—.
Mi padre, aún joven. Lee, escribe, hojea
sus libros y medita. Se levanta:
va hacia la puerta del jardín. Pasea.
A veces habla solo, a veces canta.
Sus grandes ojos de mirar inquieto
ahora vagar parecen, sin objeto
donde puedan posar, en el vacío.
Ya escapan de su ayer a su mañana;
ya miran en el tiempo, ¡padre mío!,
piadosamente mi cabeza cana.

Huye del triste amor, amor pacato,
sin peligro, sin venda ni aventura,
que espera del amor prenda segura,
porque en amor locura es lo sensato.
Ese que el pecho esquiva al niño ciego
y blasfemó del fuego de la vida,
de una brasa pensada, y no encendida,
quiere ceniza que le guarde el fuego.
Y ceniza hallará, no de su llama,
cuando descubra el torpe desvarío
que pedía, sin flor, fruto en la rama.
Con negra llave el aposento frío
de su tiempo abrirá. ¡Desierta cama,
y turbio espejo y corazón vacío!

Viejas canciones

A la hora del rocío,
de la niebla salen
sierra blanca y prado verde.
¡El sol en los encinares!
Hasta borrarse en el cielo,
suben las alondras.
¿Quién puso plumas al campo?
¿Quién hizo alas de tierra loca?
Al viento, sobre la sierra,
tiene el águila dorada
las anchas alas abiertas.
Sobre la picota
donde nace el río,
sobre el lago de turquesa
y los barrancos de verdes pinos;
sobre veinte aldeas,
sobre cien caminos...
Por los senderos del aire,
señora águila,
¿dónde vais a todo vuelo tan de mañana?

Ya había un albor de luna
en el cielo azul.
¡La luna en los espartales,
cerca de Alicún!
Redonda sobre el alcor,
y rota en las turbias aguas
del Guadiana menor.
Entre Úbeda y Baeza
—loma de las dos hermanas;
Baeza, pobre y señora;
Úbeda, reina y gitana—.
Y en el encinar
¡luna redonda y beata,
siempre conmigo a la par!

Cerca de Úbeda la grande,
cuyos cerros nadie verá,
me iba siguiendo la luna
sobre el olivar,
una luna jadeante,
siempre conmigo a la par.
Yo pensaba: ¡bandoleros
de mi tierra!, al caminar
en mi caballo ligero.
¡Alguno conmigo irá!

Que esta luna me conoce
y, con el miedo, me da
el orgullo de haber sido
alguna vez capitán.

En la sierra de Quesada
hay un águila gigante,
verdosa, negra y dorada,
siempre las alas abiertas.
Es de piedra y no se cansa.
Pasado Puerto Lorente,
entre las nubes galopa
el caballo de los montes.
Nunca se cansa: es de roca.
En el hondón del barranco
se ve al jinete caído,
que alza los brazos al cielo.
Los brazos son de granito.
Y allí donde nadie sube
hay una virgen risueña
con un río azul en brazos.
Es la Virgen de la Sierra.

Abel Martín

Los complementarios

Cancionero apócrifo

Recuerdos de sueño, fiebre y duermevela

Esta maldita fiebre
que todo me lo enreda,
siempre diciendo: ¡claro!
Dormido estás: despierta.
¡Masón, masón!
Las torres
bailando están en rueda.
Los gorriones pían
bajo la lluvia fresca.
¡Oh, claro, claro, claro!
Dormir es cosa vieja,
y el toro de la noche
bufando está a la puerta.
A tu ventana llego
con una rosa nueva,
con una estrella roja,
y la garganta seca.
¡Oh, claro, claro, claro!

¿Velones? En Lucena.
¿Cuál de las tres? Son una
Lucía, Inés, Carmela;
y el limonero baila
con la encinilla negra.
¡Oh claro, claro, claro!
Dormido estás. Alerta.
Mili, mili, en el viento;
glu-glu, glu-glu, en la arena.
Los tímpanos del alba,
¡qué bien repiquetean!
¡Oh, claro, claro, claro!

En la desnuda tierra...

Era la tierra desnuda,
y un frío viento, de cara,
con nieve menuda.
Me eché a caminar
por un encinar de sombra:
la sombra de un encinar.
El sol las nubes rompía
con sus trompetas de plata.
La nieve ya no caía.
La vi un momento asomar

en las torres del olvido.
Quise y no pude gritar.

¡Oh, claro, claro, claro!
Ya están los centinelas
alertos. ¡Y esta fiebre
que todo me lo enreda!...
Pero a un hidalgo no
se ahorca; se degüella,
señor verdugo. ¿Duermes?
Masón, masón, despierta.
Nudillos infantiles
y voces de muñecas.

¡Tan-tan! ¿Quién llama, di?
—¿Se ahorca a un inocente
en esta casa?
—Aquí
se ahorca, simplemente.

¡Qué vozarrón! Remacha
el clavo en la madera.
Con esta fiebre... ¡Chito!
Ya hay público a la puerta.
La solución más linda
del último problema.

Vayan pasando, pasen;
que nadie quede fuera.

—¡Sambenitado, a un lado!
—¿Eso será por mí?
¿Soy yo el sambenitado,
señor verdugo?
Sí.

¡Oh, claro, claro, claro!
Se da trato de cuerda,
que es lo infantil, y el trompo
de música resuena.
Pero la guillotina,
una mañana fresca...
Mejor el palo seco,
y su corbata hecha.
¿Guitarras? No se estilan.
Fagotes y cornetas,
y el gallo de la aurora,
si quiere. ¿La reventa
la hacen los curas? ¡Claro!
¡¡¡Sambenitón, despierta!!!

Con esta bendita fiebre
la luna empieza a tocar
su pandereta; y danzar

quiere, a la luna, la liebre.
De encinar en encinar
saltan la alondra y el día.
En la mañana serena
hay un latir de jauría,
que por los montes resuena.
Duerme. ¡Alegría! ¡Alegría!

Junto al agua fría,
en la senda clara,
sombra dará algún día
ese arbolillo en que nadie repara.
Un fuste blanco y cuatro verdes hojas
que, por abril, le cuelga primavera,
y arrastra el viento de noviembre, rojas.
Su fruto, sólo un niño lo mordiera.
Su flor, nadie la vio. ¿Cuándo florece?
Ese arbolillo crece
no más que para el ave de una cita,
que es alma —canto y plumas— de un instante,
un pajarillo azul y petulante
que a la hora de la tarde lo visita.

¡Qué fácil es volar, qué fácil es!
Todo consiste en no dejar que el suelo

se acerque a nuestros pies.
Valiente hazaña, ¡el vuelo!, ¡el vuelo!, ¡el vuelo!

¡Volar sin alas donde todo es cielo!
Anota este jocundo
pensamiento: Parar, parar el mundo
entre las puntas de los pies,
y luego darle cuerda del revés,
para verlo girar en el vacío,
coloradito y frío,
y callado —no hay música sin viento—.
¡Claro, claro! ¡Poeta y cornetín
son de tan corto aliento!...
Sólo el silencio y Dios cantan sin fin.

Pero caer de cabeza,
en esta noche sin luna
en medio de esta maleza,
junto a la negra laguna...

—¿Tú eres Caronte, el fúnebre barquero?
Esa barba limosa...
—¿Y tú, bergante?

—Un fúnebre aspirante
de tu negra barcaza a pasajero,
que el lago irrebogable se aproxima.
—¿Razón?
—La ignoro. Ahorcome un peluquero.
—(Todos pierden memoria en este clima.)
—¿Delito?
—No recuerdo.
—¿Ida, no más?
—¿Hay vuelta?
—Sí.
—Pues ida y vuelta, ¡claro!
—Sí, claro... y no tan claro: eso es muy caro.
Aguarda un momentín, y embarcarás.

¡Bajar a los infiernos como el Dante!
¡Llevar por compañero
a un poeta con nombre de lucero!
¡Y este fulgor violeta en el diamante!
Dejad toda esperanza... Usted, primero.
¡Oh, nunca, nunca, nunca! Usted delante.

Palacios de mármol, jardín con cipreses,
naranjos redondos y palmas esbeltas.
Vueltas y revueltas,

eses y más eses.
«Calle del Recuerdo.» Ya otra vez pasamos
por ella. «Glorieta de la Blanca Sor.»
«Puerta de la luna.» Por aquí ya entramos.
«Calle del Olvido.» Pero ¿adónde vamos
por estas malditas andurrias, señor?
—Pronto te cansas, poeta.
—«Travesía del amor»...
¡y otra vez la «Plazoleta
del Desengaño Mayor»!...

—Es ella... Triste y severa.
Di, más bien, indiferente
como figura de cera.

—Es ella... Mira y no mira.
—Pon el oído en su pecho
y, luego, dile: respira.

—No alcanzo hasta el mirador.
—Háblale.
—Si tú quisieras...
—Más alto.
—Darme esa flor.
¿No me respondes, bien mío?
¡Nada, nada! Cuajadita con el frío
se quedó en la madrugada.

¡Oh, claro, claro, claro!
Amor siempre se hiela.
¡Y en esa «Calle Larga»
con reja, reja y reja,
cien veces, platicando
con cien galanes ella!
¡Oh, claro, claro, claro!
Amor es calle entera,
con celos, celosías,
canciones a las puertas...
Yo traigo un do de pecho
guardado en la cartera.
¿Qué te parece?
                                        —Guarda.
Hoy cantan las estrellas,
y nada más.
                                        —¿Nos vamos?
—Tira por esa calleja.
—Pero ¿otra vez empezamos?
«Plaza Donde Hila la Vieja.»
Tiene esta plaza un relente...
¿Seguimos?
                                        —Aguarda un poco.
Aquí vive un cura loco
por un lindo adolescente.
Y aquí pena arrepentido,

oyendo siempre tronar,
y viendo serpentear
el rayo que lo ha fundido.
«Calle de la Triste Alcuza.»
—Un barrio feo. Gentuza.
¡Alto!... «Pretil del Valiente.»
—Pregunta en el tres.
                    —¿Manola?
—Aquí. Pero duerme sola:
está de cuerpo presente.
¡Claro, claro! Y siempre clara,
le dé la luna en la cara.
—¿Rezamos?
                    —No. Vámonos...
Si la madeja enredamos
con esta fiebre, ¡por Dios!,
ya nunca la devanamos.
... Sí, cuatro igual dos y dos.

Primaveral

Nubes, sol, prado verde y caserío
en la loma, revueltos. Primavera
puso en el aire de este campo frío
la gracia de sus chopos de ribera.
Los caminos del valle van al río
y allí, junto al agua, amor espera.
¿Por ti se ha puesto el campo ese atavío
de joven, oh invisible compañera?
¿Y ese perfume del habar al viento?
¿Y esa primera blanca margarita?...
¿Tú me acompañas? En mi mano siento
doble latido; el corazón me grita,
que en las sienes me asorda el pensamiento:
eres tú quien florece y resucita.

Rosa de fuego

Tejidos sois de primavera, amantes,
de tierra y agua y viento y sol tejidos.
La sierra en vuestros pechos jadeantes,
en los ojos los campos florecidos,
pasead vuestra mutua primavera,
y aun bebed sin temor la dulce leche
que os brinda hoy la lúbrica pantera,
antes que, torva, en el camino aceche.
Caminad, cuando el eje del planeta
se vence hacia el solsticio de verano,
verde el almendro y mustia la violeta,
cerca la sed y el hontanar cercano,
hacia la tarde del amor, completa,
con la rosa de fuego en vuestra mano.

Guerra de amor

El tiempo que la barba me platea,
cavó mis ojos y agrandó mi frente,
va siendo en mi recuerdo transparente,
y mientras más el fondo, más clarea.
Miedo infantil, amor adolescente,
¡cuánto esta luz de otoño os hermosea!,
¡agrios caminos de la vida fea,
que también os doráis al sol poniente!
¡Cómo en la fuente donde el agua mora
resalta en piedra una leyenda escrita:
el ábaco del tiempo falta un hora!
¡Y cómo aquella ausencia en una cita,
bajo las olmas que noviembre dora,
del fondo de mi historia resucita!

Consejos. Coplas. Apuntes

Tengo dentro de un herbario
una tarde delicada,
lila, violeta y dorada.
—Caprichos de solitario—.
Y en la página siguiente
una boca sonriente
y unos ojos, los ojos
de Guadalupe,
cuyo color nunca supe.
Grises son
grises son y ya no miran.
Y unos labios que suspiran,
dentro del lírico herbario
—capricho de solitario—
toda una voz estampada
y apagada,
mas sonora
cuando le llega la hora.

Calidoscopio infantil.
Una damita, al piano.
Do, re, mi.
Otra se pinta al espejo
los labios de colorín.

Y rosas en un balcón
a la vuelta de una esquina,
calle de Válgame Dios.

Amores, por el atajo,
de los de «Vente conmigo».
… «Que vuelvas pronto, serrano.»

En el mar de la mujer
pocos naufragan de noche;
muchos, al amanecer.

Siempre que nos vemos
es cita para mañana.
Nunca nos encontraremos.

La plaza tiene una torre,
la torre tiene un balcón,
el balcón tiene una dama,
la dama una blanca flor.
Ha pasado un caballero
—¡quién sabe por qué pasó!—,
y se ha llevado la plaza,
con su torre y su balcón,
con su balcón y su dama,
su dama y su blanca flor.

Por la calle de mis celos
en veinte rejas con otro
hablando siempre te veo.

Malos sueños he.
Me despertaré.

Me despertarán
campanas del alba
que sonando están.

Para tu ventana
un ramo de rosas me dio la mañana.
Por un laberinto, de calle en calleja,
buscando, he corrido, tu casa y tu reja.
Y en un laberinto me encuentro perdido
en esta mañana de Mayo florido.
¡Dime dónde estás!
Vueltas y revueltas;
ya no puedo más.

Últimas lamentaciones de Abel Martín

(Cancionero apócrifo)

Hoy, con la primavera,
soñé que un fino cuerpo me seguía
cual dócil sombra. Era
mi cuerpo juvenil, el que subía
de tres en tres peldaños la escalera.
—Hola, galgo de ayer. (Su luz de acuario
trocaba el hondo espejo
por agria luz sobre un rincón de osario.)
—¿Tú conmigo, rapaz?
—Contigo, viejo.
Soñé la galería
al huerto de ciprés y limonero;
tibias palomas en la piedra fría,
en el cielo de añil rojo pandero,
y en la mágica angustia de la infancia
la vigilia del ángel más austero.
La ausencia y la distancia
volví a soñar con túnicas de aurora:
firme en el arco tenso la saeta
del mañana, la vista aterradora
de la llama prendida en la espoleta
de su granada.

¡Oh Tiempo, oh Todavía
preñado de inminencias!,
tú me acompañas en la senda fría,
tejedor de esperanzas e impaciencias.

¡El tiempo y sus banderas desplegadas!
(¿Yo, capitán? Mas yo no voy contigo.)
¡Hacia lejanas torres soleadas
el perdurable asalto por castigo!

Hoy, como un día, en la ancha mar violeta
hunde el sueño su pétrea escalinata,
y hace camino la infantil goleta,
y le salta el delfín de bronce y plata.
La hazaña y la aventura
cercando un corazón entelerido...
Montes de piedra dura
—eco y eco— mi voz han repetido.
¡Oh, descansar en el azul del día
como descansa el águila en el viento,
sobre la sierra fría,
segura de sus alas y su aliento!
La augusta confianza
a ti, Naturaleza, y paz te pido,
mi tregua de temor y de esperanza,
un grano de alegría, un mar de olvido...

Siesta

En memoria de Abel Martín

Mientras traza su curva el pez de fuego,
junto al ciprés, bajo el supremo añil,
y vuela en blanca piedra el niño ciego,
y en el olmo la copla de marfil
de la verde cigarra late y suena,
honremos al Señor
—la negra estampa de su mano buena—
que ha dictado el silencio en el clamor.
Al dios de la distancia y de la ausencia,
del áncora en el mar, la plena mar...
Él nos libra del mundo —omnipresencia—,
nos abre senda para caminar.
Con la copa de sombra bien colmada,
con este nunca lleno corazón,
honremos al Señor que hizo la Nada
y ha esculpido en la fe nuestra razón.

Muerte de Abel Martín

Pensando que no veía
porque Dios no le miraba,
dijo Abel cuando moría:
Se acabó lo que se daba.

J. de Mairena, *Epigramas*

Los últimos vencejos revolean
en torno al campanario;
los niños gritan, saltan, se pelean.
En su rincón, Martín el solitario.
¡La tarde, casi noche, polvorienta,
la algazara infantil, y el vocerío,
a la par de sus doce en sus cincuenta!

¡Oh alma plena y espíritu vacío,
ante la turbia hoguera
con llama restallante de raíces,
fogata de frontera
que ilumina las hondas cicatrices!

Quien se vive se pierde, Abel decía.
¡Oh distancia, distancia!, que la estrella
que nadie toca, guía.
¿Quién navegó sin ella?

Distancia para el ojo —¡oh lueñe nave!—,
ausencia al corazón empedernido,
y bálsamo suave
con la miel del amor, sagrado olvido.
¡Oh gran saber del cero, del maduro
fruto sabor que sólo el hombre gusta,
agua de sueño, manantial oscuro,
sombra divina de la mano augusta!
Antes me llegue, si me llega, el Día,
la luz que ve, increada,
ahógame esta mala gritería,
Señor, con las esencias de tu Nada.

El ángel que sabía
su secreto salió a Martín al paso.
Martín le dio el dinero que tenía.
¿Piedad? Tal vez. ¿Miedo al chantaje? Acaso.
Aquella noche fría
supo Martín de soledad; pensaba
que Dios no le veía,
y en su mundo desierto caminaba.

Y vio la musa esquiva,
de pie junto a su lecho, la enlutada,
la dama de sus calles, fugitiva,

la imposible al amor y siempre amada.
Díjole Abel: Señora,
por ansia de tu cara descubierta,
he pensado vivir hacia la aurora
hasta sentir mi sangre casi yerta.
Hoy sé que no eres tú quien yo creía;
mas te quiero mirar y agradecerte
lo mucho que me hiciste compañía
con tu frío desdén.
                                        Quiso la muerte
sonreír a Martín, y no sabía.

Viví, dormí, soñé y hasta he creado
—pensó Martín, ya turbia la pupila—
un hombre que vigila
el sueño, algo mejor que lo soñado.
Mas si un igual destino
aguarda al soñador y al vigilante,
a quien trazó caminos,
y a quien siguió caminos, jadeante,
al fin, sólo es creación tu pura nada,
tu sombra de gigante,
el divino cegar de tu mirada.

Y sucedió a la angustia la fatiga,
que siente su esperar desesperado,

la sed que el agua clara no mitiga,
la amargura del tiempo envenenado.
¡Esta lira de muerte!
Abel palpaba
su cuerpo enflaquecido.
¿El que todo lo ve no le miraba?
¡Y esta pereza, sangre del olvido!
¡Oh, sálvame Señor!
Su vida entera,
su historia irremediable aparecía
escrita en blanda cera.
¿Y ha de borrarte el sol del nuevo día?
Abel tendió su mano
hacia la luz bermeja
de una caliente aurora de verano,
ya en el balcón de su morada vieja.
Ciego, pidió la luz que no veía.
Luego llevó, sereno,
el limpio vaso, hasta su boca fría,
de pura sombra —¡oh pura sombra!— lleno.

Otro clima

¡Oh cámaras del tiempo y galerías
del alma, tan desnudas!,
dijo el poeta. De los claros días
pasan las sombras mudas.
Se apaga el canto de las viejas horas
cual rezo de alegrías enclaustradas;
el tiempo lleva un desfilar de auroras
con séquito de estrellas empeñadas.
¿Un mundo muere? ¿Nace
un mundo? ¿En la marina
panza del globo hace
nueva nave su estela diamantina?
¿Quillas al sol la vieja flota yace?
¿Es el mundo nacido en el pecado,
el mundo del trabajo y la fatiga?
¿Un mundo nuevo para ser salvado
otra vez? ¡Otra vez! Que Dios lo diga.
Calló el poeta, el hombre solitario,
porque un aire de cielo aterecido
le amortecía el fino estradivario.
Sangrábale el oído.

Desde la cumbre vio el desierto llano
con sombras de gigantes con escudos,
y en el verde fragor del oceano
torsos de esclavos jadear desnudos,
y un *nihil* de fuego escrito
tras de la selva huraña,
en áspero granito,
y el rayo de un camino en la montaña...

Canciones a Guiomar

No sabía
si era un limón amarillo
lo que tu mano tenía,
o el hilo de un claro día,
Guiomar, en dorado ovillo.
Tu boca me sonreía.
Yo pregunté: ¿Qué me ofreces?
¿Tiempo en fruto, que tu mano
eligió entre madureces
de tu huerta?
¿Tiempo vano
de una bella tarde yerta?
¿Dorada ausencia encantada?
¿Copia en el agua dormida?
¿De monte en monte encendida,
la alborada
verdadera?
¿Rompe en sus turbios espejos
amor la devanadera
de sus crepúsculos viejos?

En un jardín te he soñado,
alto, Guiomar, sobre el río,
jardín de un tiempo cerrado
con verjas de hierro frío.
Un ave insólita canta
en el almez, dulcemente,
junto al agua viva y santa,
toda sed y toda fuente.
En ese jardín, Guiomar,
el mutuo jardín que inventan
dos corazones al par,
se funden y complementan
nuestras horas. Los racimos
de un sueño —juntos estamos—
en limpia copa exprimimos,
y el doble cuento olvidamos.
(Uno: Mujer y varón,
aunque gacela y león,
llegan juntos a beber.
El otro: No puede ser
amor de tanta fortuna:
dos soledades en una,
ni aun de varón y mujer.)

Por ti la mar ensaya olas y espumas,
y el iris, sobre el monte, otros colores,
y el faisán de la aurora canto y plumas,

y el búho de Minerva ojos mayores.
Por ti, ¡oh Guiomar!...

Tu poeta
piensa en ti. La lejanía
es de limón y violeta,
verde el campo todavía.
Conmigo vienes, Guiomar;
nos sorbe la serranía.
De encinar en encinar
se va fatigando el día.
El tren devora y devora
día y riel. La retama
pasa en sombra; se desdora
el oro de Guadarrama.
Porque una diosa y su amante
huyen juntos, jadeante,
los sigue la luna llena.
El tren se esconde y resuena
dentro de un monte gigante.
Campos yermos, cielo alto.
Tras los montes de granito
y otros montes de basalto,
ya es la mar y el infinito.
Juntos vamos; libres somos.
Aunque el Dios, como en el cuento
fiero rey, cabalgue a lomos

del mejor corcel del viento,
aunque nos jure, violento,
su venganza,
aunque ensille el pensamiento,
libre amor, nadie lo alcanza.

Hoy te escribo en mi celda de viajero,
a la hora de una cita imaginaria.
Rompe el iris al aire el aguacero,
y al monte su tristeza planetaria.
Sol y campanas en la vieja torre.
¡Oh tarde viva y quieta
que opuso al *panta rhei* su *nada corre,*
tarde niña que amaba tu poeta!
¡Y día adolescente
—ojos claros y músculos morenos—,
cuando pensaste a Amor, junto a la fuente,
besar tus labios y apresar tus senos!
Todo a esta luz de abril se transparenta;
todo en el hoy de ayer, el Todavía
que en sus maduras horas
el tiempo canta y cuenta,
se funde en una sola melodía,
que es un coro de tardes y de auroras.
A ti, Guiomar, esta nostalgia mía.

Otras canciones a Guiomar

A la manera de Abel Martín y Juan de Mairena

¡Sólo tu figura,
como una centella blanca,
en mi noche oscura!

¡Y en la tersa arena,
cerca de la mar,
tu carne rosa y morena,
súbitamente, Guiomar!

En el gris del muro,
cárcel y aposento,
y en un paisaje futuro
con sólo tu voz y el viento;

en el nácar frío
de tu zarcillo en mi boca,
Guiomar, y en el calofrío
de una amanecida loca;

asomada al malecón
que bate la mar de un sueño,

y bajo el arco del ceño
de mi vigilia, a traición,
¡siempre tú!
                    Guiomar, Guiomar,
mírame en ti castigado:
reo de haberte creado,
ya no te puedo olvidar.

Todo amor es fantasía;
él inventa el año, el día,
la hora y su melodía;
inventa el amante y, más,
la amada. No prueba nada,
contra el amor, que la amada
no haya existido jamás.

Escribiré en tu abanico:
te quiero para olvidarte,
para quererte te olvido.

Te abanicarás
con un madrigal que diga:
en amor el olvido pone la sal.

Te pintaré solitaria
en la urna imaginaria
de un daguerrotipo viejo,
o en el fondo de un espejo,
viva y quieta,
olvidando a tu poeta.

Y te enviaré mi canción:
«Se canta lo que se pierde»,
con un papagayo verde
que la diga en tu balcón.

Que apenas si de amor el ascua humea
sabe el poeta que la voz engola
y, barato cantor, se pavonea
con su pesar o enluta su viola;
y que si amor da su destello, sola
la pura estrofa suena,
fuente de monte, anónima y serena.
Bajo el azul olvido, nada canta,
ni tu nombre ni el mío, el agua santa.
Sombra no tiene de su turbia escoria

limpio metal; el verso del poeta
lleva el ansia de amor que lo engendrara
como lleva el diamante sin memoria
—frío diamante— el fuego del planeta
trocado en luz, en una joya clara...

Abre el rosal de la carroña horrible
su olvido en flor, y extraña mariposa,
jalde y carmín, de vuelo imprevisible,
salir se ve del fondo de una fosa.
Con el terror de víbora encelada,
junto al lagarto frío,
con el absorto sapo en la azulada
libélula que vuela sobre el río,
con los montes de plomo y de ceniza,
sobre los rubios agros
que el sol de mayo hechiza,
se ha abierto un abanico de milagros
—el ángel del poema lo ha querido—
en la mano creadora del olvido...

Cancionero apócrifo

Juan de Mairena

Mairena a Martín, muerto

Maestro, en tu lecho yaces,
en paz con Ella o con Él...
(¿Quién sabe de últimas paces,
don Abel?)
Si con Ella, bien colmada
la medida,
dice, quieta, en la almohada
tu noble cabeza hundida.
Si con Él, que todo sea
—donde sea— quieto y vivo,
el ojo en superlativo,
que mire, admire y se vea.

Del juglar mediativo
quede el ínclito ideario
para el alba que aún no ríe;
y el muñeco estrafalario
del retablo desafíe
con su gesto al son gregario.

Hiedra y parra. Las paredes
de los huertos blancas son.
Por calles de Sal-Si-Puedes
brillan balcón y balcón.
Todavía, ¡oh don Abel!,
vibra la campanería
de la tarde, y un clavel
te guarda Rosa María.
Todavía
se oyen entre los cipreses
de tu huerto y laberinto
de tus calles —eses y eses,
trenzadas, de vino tinto—
tus pasos; y el mazo suena
que en la fragua de un instinto
blande la razón serena.
De tu logos variopinto,
nueva *ratio*,
queda el ancla en agua y viento,
buen cimiento
de tu lírico palacio.
Y cuajado en piedra el fuego
del amante
(Amor bizco y Eros ciego),
brilla al sol como diamante.

A la manera de Juan de Mairena

Apuntes para una geografía emotiva de España

¡Torreperogil!
¡Quién fuera una torre, torre del campo
del Guadalquivir!

Baeza, 1919

Sol en los montes de Baza.
Mágina y su nube negra.
En el Aznaitín afila
su cuchillo la tormenta.

En Garciez
hay más sed que agua;
en Jimena, más agua que sed.

¡Qué bien los nombres ponía
quien puso Sierra Morena
a esta serranía!

En Alicún se cantaba:
«Si la luna sale,
mejor entre los olivos
que en los espartales».

Y en la Sierra de Quesada;
«Vivo en pecado mortal:
no te debiera querer;
por eso te quiero más».

Tiene una boca de fuego
y una cintura de azogue.
Nadie la bese.
Nadie la toque.
Cuando el látigo del viento
suena en el campo: ¡amapola!
(como llama que se apaga
o beso que no se logra)
su nombre pasa y se olvida.

Por eso nadie la nombra.
Lejos, por los espartales,
más allá de los olivos,
hacia las adelfas
y los tarayes del río,
con esta luna de la madrugada,
¡amazona gentil del campo frío!...

Cantares y proverbios, sátiras y epigramas

Iam fuerit, nec post unquam revocare licebit.
LUCRECIO

Cuando recordar no pueda,
¿dónde mi recuerdo irá?
Una cosa es el recuerdo
y otra cosa recordar.

Cuando la tierra se trague
lo que se traga la tierra,
habrá mi recuerdo alzado
el ancla de la ribera.

Recuerdos de mis amores,
quizás no debéis temblar:
cuando la tierra me trague,
la tierra os libertará.

Adiós
(1924)

Y nunca más la tierra de ceniza
a pisar volveré, que Duero abraza.
¡Oh loma de Santana, ancha y maciza;
placeta del Mirón, desierta plaza!
Con el sol de la tarde en mis balcones
nunca os veré. No me pidáis presencia;
las almas huyen para dar canciones:
alma es distancia y horizonte, ausencia.
Mas quien escuche el agria melodía
con que divierto el corazón viajero
por estos campos de mi Andalucía,
ya sabe manantial, cauce y reguero
del agua santa de la huerta mía.
¡No todas vais al mar, aguas del Duero!

Córdoba, 1913, copiado en 1924

Apuntes, parábolas, proverbios y cantares

Si hablo, suena
mi propia voz como un eco,
y está mi canto tan hueco
que ya ni espanta mi pena.

Si me tengo que morir
poco me importa aprender.
Y si no puedo saber,
poco me importa vivir.

«¿Qué es amor?», me preguntaba
una niña. Contesté:
«Verte una vez y pensar
haberte visto otra vez».

Pensar el mundo es como hacerlo nuevo
de la sombra o la nada, desustanciado y frío.
Bueno es pensar, decolorir el huevo
universal, sorberlo hasta el vacío.
Pensar: borrar primero y dibujar después,
y quien borrar no sabe camina en cuatro pies.
Una neblina opaca confunde toda cosa:
el monte, el mar, el pino, el pájaro, la rosa.
Pitágoras alarga a Cartesius la mano.
Es la extensión sustancia del universo humano.
Y sobre el lienzo blanco o la pizarra oscura
se pinta, en blanco o negro, la cifra o la figura.
Yo pienso. (Un hombre arroja una traíña al mar
y la saca vacía; no ha logrado pescar):
«No tiene el pensamiento traíñas sino amarras,
las cosas obedecen al peso de las garras»,
exclama, y luego dice: «Aunque las presas son,
lo mismo que las garras, pura figuración».
Sobre la blanca arena aparece un caimán,
que muerde ahincadamente en el bronce de Kant.
Tus formas, tus principios y tus categorías,
redes que el mar escupe, enjutas y vacías.
Kratilo ha sonreído y arrugado Zenón
el ceño, adivinando a M. de Bergson.
Puedes coger cenizas del fuego heraclitano,
mas no apuñar la onda que fluye con tu mano.
Vuestras retortas, sabios, sólo destilan heces.
¡Oh machacad zurrapas en vuestros almireces!
Medir las vivas aguas del mundo..., ¡desvarío!

Entre las dos agujas de tu compás va el río.
La realidad es la vida fugaz, funambulesca,
el cigarrón voltario, el pez que nadie pesca.
Si quieres saber algo del mar, vuelve otra vez,
un poco pescador y un tanto pez.
En la barra del puerto bate la marejada,
y todo el mar resuena como una carcajada.

Puerto de Santa María, 1915

Tres cantares enviados a Unamuno en 1913

Señor, me cansa la vida,
tengo la garganta ronca
de gritar sobre los mares,
la voz de la mar me asorda.
Señor, me cansa la vida
y el universo me ahoga.
Señor, me dejaste solo,
solo, con el mar a solas.

O tú y yo jugando estamos
al escondite, Señor,
o la voz con que te llamo
es tu voz.

Por todas partes te busco
sin encontrarte jamás,
y en todas partes te encuentro
sólo por irte a buscar.

Apuntes

Belerda tiene un pastor;
tiene Alicún su poeta;
Úbeda la plazoleta
del Desengaño Mayor...

Porque nadie te mirara,
me gustaría que fueras
monjita de Santa Clara.

Hora del último sol.
La damita de mis sueños
se asoma a mi corazón.

Porque más vale no ver
fruta madura y dorada
que no se puede coger.

Proverbios y cantares

En esta España de los pantalones
lleva la voz el macho;
mas si un negocio importa
lo resuelven las faldas a escobazos.

Nuevas canciones (1917-1930)

Proverbios y cantares

Han tomado sus medidas
Sócrates y el Cristo ya:
el corazón y la mente
un mismo radio tendrán.

Echa roncas todavía
el siglo decimonono,
con la cabeza vendada,
y los huesos rotos.

Ya es sólo brocal el pozo;
púlpito será mañana;
pasado mañana, trono.

Hombre occidental,
tu miedo al Oriente,
¿es miedo a dormir o a despertar?

Apuntes y jardines

Jardines de mi infancia
de clara luz, que ya me enturbia el tiempo,
con las lluvias de... con el milagro
brillad, jardines, de los ojos nuevos.

¡Oh, Puerto Real,
con tus casas blancas
para muñecas de rosa, Puerto Real,
y tus pinos verdes
cerca de la mar!

Muchas leguas de camino
hizo mi canción.
¿En busca de un espejo?
Buscando un corazón.

Tíscar tiene un ermitaño,
Belerda, más de un pastor,
Alicún, lindas caderas
y una fuente que brilla al sol.

Aznaitín. 1915

Los complementarios

Confiamos,
en que no será verdad
nada de lo que pensamos.

La ciudad desierta
se sale a los montes
por las siete puertas.

Baeza, enero, 1912

Adivina lo que quiero
decir con lo que te digo.
Te doy la madeja,
saca tú el ovillo.

A esos hombres tan finos, tan discretos,
me los figuro a solas
coloraditos cual las amapolas.
¿O tendrán el tupé de sus secretos?

¡Oh el mal ladrón, que las frutas
dejó que en mi huerto había,
y se llevó las virutas
de mi carpintería!
Tal dijo un hombre de bien,
que, al ver al ladrón robado,
sintiose ladrón también.

Para la buena ventura
del hijo que te dio el cielo,
debes ponerle Canuto,
por ser el nombre más hueco.

¡Qué difícil es
cuando todo baja
no bajar también!

Claqueurs, polacos, guardad
para vuestros gladiadores
palmas, tabacos, honores,
dejadme mi soledad.
No me aplaudáis. Cuando el eco
de vuestros aplausos resuena
me voy poniendo tan hueco
que vuestro aplauso... me llena.

De tanto y tanto soplar
su flauta no suena ni
por casualidad.

Dijo el caracol:
Esto sí que es prisa,
voy como una exhalación.

Cuando dos gitanos hablan
es la mentira inocente:
se mienten y no se engañan.

Oh, si la mejor poesía
se canta en el tono del
cuento de la nueva pipa...

Salió don Lope de casa
cuando la tarde caía...
Ya basta, cese la historia,
cuente su melancolía.

Desde el muro verde
vuelan las alondras,
hasta perderse en el azul del cielo.
¡Oh pardo aletear de tierra loca!

Apuntes

¿Faltarán los lirios
a la primavera,
el canto a la moza
y el cuento a la abuela,

y al llanto del niño
la ubre materna?
¿Los encinares del monte
son de retórica vieja?
Nunca desdeñéis las cópulas
fatales, clásicas, bellas,
del potro con la llanura,
del mar con la nave hueca,
del viento con el molino,
la torre con la cigüeña.
Riman la sed con el agua,
el fuelle con la candela,
la bruja con el rosario,
la jarra con la moneda.
Los cántaros con las fuentes
y las graciosas caderas,
y con los finos tobillos
la danza y la adolescencia.
El escudo con el brazo,
la mano con la herramienta,
y los músculos de Heracles
con el león de Nemea.
Mas si digo: hay coplas
que huelen a pesca,
o el mar huele a rosas,
sus gafas más negras
se calan los doctos y me latinean:
¿Risum teneatis?
con gran suficiencia.

Y las nueve musas
se ríen de veras.

Segovia, 1919

Tierra baja

Por estas tierras de Andalucía,
¿no arrancan rejas los caballeros,
como Paredes, el gran forzudo,
dicen que hacía?
¿No hay bandoleros?
¿Diego Corrientes, Jaime el Barbudo,
José María,
con sus cuadrillas de escopeteros?
¡Oh, enjauladitas hembras hispanas,
desde que os ponen el traje largo,
cuán agria espera! ¡Qué tedio amargo
para vosotras, entre las rejas
de las ventanas
de estas morunas ciudades viejas,
de estas celosas urbes gitanas!

1919

Viejas canciones

Muchas leguas de camino
hizo mi canción...
—¿En busca de un espejo?
—Buscando un corazón.

Aznaitín, 1915

¡Jardines de mi infancia
de clara luz, que ya me enturbia el tiempo!
Con las lluvias de abril... con el milagro
brillad, jardines, de los ojos nuevos!

Sevilla, 1919

El verde que suena a seco
de los árboles de agosto,
que mueve el viento.

En los jardines del rey
hay muchas fuentes de piedra,

muchas fuentes solitarias,
¡cómo suena el agua en ellas!

Alboradas

En San Millán
a misa de alba
tocando están.

Escuchad, señora,
los campaniles del alba,
los faisanes de la aurora.

Mal dice el negro atavío,
negro manto y negra toca,
con el carmín de esa boca.

Nunca se viera
de misa, tan de mañana,
viudita más casadera.

Las campanas del alba
sonando están.
Como lágrimas de plomo

en mi oído dan;
y en tu sueño niña, como
copos de lana serán.
Tin tan, tin tan,
las campanitas del alba
sonando están.

Por el libro *Presagios*

Francisco a Pedro Salinas:
Si el arte es fuego,
será con sombras divinas,
juego de manos de ciego.

A una mujer tres poetas,
Abel Infanzón, Juan Diego
y Vicente Gil, cantaron.
Cantó Infanzón el primero:
«El aire por donde pasas,
niña, se incendia,
y a la altura de tus ojos
relampaguea.
Guarde Dios mi campo
de la nube negra,

guárdeme Santa María
de la amorosa tormenta.
No me mires más:
fuego que encienden tus ojos
ni tú misma apagarás».
Trovó Juan Diego, pulsando
a rebato en su vihuela.
¡Favor a mí, que me abraso!:
«Un arroyuelo corría
entre los dos, y en tus manos
yo el agua clara bebía.
La niña se hizo mujer,
y el arroyo un ancho río.
Ya no me das de beber.
Ya no te alcanzo,
y es la sed que me abrasa,
sed de tus manos».
Siguió Vicente, pulsando
la prima de su guitarra
en el tema de Juan Diego:
la sed y el agua.
«La sed y el agua, dijo,
son dos hermanas,
ni agua sin sed, morena,
ni sed sin agua.
Aunque suspiro,
bien sé que darme quieres,
lo que te pido».

1925

Cantó Vicente, pulsando
la prima de su guitarra,
y, como Infanzón y Diego,
habló del fuego y el agua.
Del fuego tengo cenizas
que no matarán el fuego,
sino que guardan mi brasa
para mañana encenderlo.
La sed en agua
cual ceniza en candela
también se guarda,
y es el agua que bebo
sed de mañana.
Mejor se guarda
que ceniza en candela
mi sed en agua,
que es el agua que bebo
sed de mañana.
Linda morena,
como la sed va siempre
del agua cerca.
Aunque suspiro
ya sé que darme quieres
lo que te pido.
Quedó embebecida Inés

la última trova escuchando
y, quién sabe si pensando
en alguno de los tres.

Poesías sin agrupar

Apuntes y canciones

Como una ballesta,
en el aire azul,
hacia la torre mudéjar...

La cigüeña absorta,
sobre su nido de ramas,
mirando la tarde roja.

Primavera vino.
Violetas moradas,
almendros floridos.

Se abrasó en la llama
de una velita de cera
la mariposilla blanca.

¡Noches de Santa Teresa!
Ya no hay quien medita de noche
con las ventanas abiertas.

Los cuatro quicios del mundo
tienen ya
estrellitas nuevas
que brillando están.
A nuevas estrellas,
otros barquitos sobre la mar.

Y los bolcheviques
(sobran rejas y tabiques)
di, madre, ¿cuándo vendrán?
—Si te oye Don Lino,
¡válgamc la Trinidad!
La honrada mocita
coser y esperar.

La fuente y las cuatro
acacias en flor
de la plazoleta.

Ya no quema el sol.
¡Tardecita alegre!
Canta, ruiseñor.
Es la misma hora
de mi corazón.
Por la calle arriba
—sombrero y bastón—
allá va Don Diego
a buscar amor.

Y aquella olivita vieja,
tan lejos del olivar,
cerca de la fuente clara,
¿qué hace allá?
Su madre, la de ojos verdes,
la puso donde hoy está.
A la vera del camino,
para la sombra no más.

Coplas españolas

¡Ay, quién fuera pueblo
una vez no más!
Y una vez —¿quién lo sabría?—
curar esta soledad
entre los muchos amantes
como a las verbenas van
(¡albahacas de San Lorenzo,
fogaratas de San Juan!)
con el sueño de una
vida elemental.
Tú guardas el fuego,
yo gano el pan.
Y en esta noche de todos
tu mano en la mía está.

Te dije al cruzar la calle:
«Morena, ¿cómo te llamas?»
y a la vuelta de la esquina:
«Que no me faltes mañana».

¡Noche de Aragón!
Rondaré tu casa
que quieras que no.

Otras coplas

Otra vez el mundo antiguo,
sin pecado original;
el claro mundo de Homero.
Nausica vuelve a lavar
su ropa: las eleusinas,
hijas de Keleo, van
con ánforas a la fuente.
Dioses, ¡qué hermosas están!
Junto a los pozos partenios
Deméter vuelve a pasar.

Caminos del Alto Duero

Campanero es mi novio
y a su campana,
porque Rosa me llamo,
Rosa la llama, y a la cigüeña
le dice: que me traigas
noticias de ella.

Otoño

Hay una mano de niño
dispersa en la tarde gris,
o en la tarde gris se borra
una acuarela infantil.
Otoño tiene en el sueño
un iris de abril.
... no sueñes más, cazador
de escopeta y galgo.
Ya quiebra el albor.

Y es una mañana
tan coloradita
como una manzana.

En el lagar, rojo vivo;
agua en la pera madura,
oro en los chopos del río.

¡Mas... ya seca tos,
y las hojas negras
en el ventarrón!

Golpes de martillo
en la negra nave,
la del galón amarillo;
y en los aros de un tonel
jocundo y panzón
para el vino nuevo
de tu corazón.

Simpatías

Candidior postquam tondenti barba cadebat.
VIRGILIO, *Égloga I*

¿Cúya es esta frente? ¿Cúyo
este mentón azulado?
¿Cúya esta boca sumida,
y estos ojos fatigados
de la letra diminuta
y de los montes lejanos?
Siempre mira el hombre
al hombre con piedad de su retrato.

Madrid, junio de 1922

Proverbios y cantares

Tres palabras suenan
al fin de tres sueños
y las tres desvelan.
Es la primera tu nombre;
la segunda, el nombre de ella...
Te daré más que me pidas
si me dices la tercera.

Ya de un tiempo heracliano
parece apagado el fuego.
Aún lleva un ascua en la mano.

Enemigo
que por el amor me hieres,
brazo de Dios, ¡Dios contigo!

Mas dejemos
abstrusas filosofías.
Añoremos
—en esta Hesperia de Europa—
¡oh hermanos!, los viejos días
de un siglo de masa y tropa,
y de suspiros amargos,
y de pantalones largos,
y de sombreros de copa.
Siglo struggle-for-lifista,
cucañista,
boxeador más que guerrero,
del vapor y del acero.
Siglo disperso y gregario,
de la originalidad;
siglo multitudinario
que inventó la sociedad.
Bajo el pintado carmín,
tuvo salud y alegría;
bajo su máscara fría,
fue el candor al esplín.
Siglo que olvidó a Platón
y lapidó al Cristo vivo.
Wagner, el estudiantón,
le dio su homúnculo activo.
Azotado y errabundo,
sensible y sensacional,
tuvo una fe: la esencial
acefalía del mundo.

Coplas populares y no populares andaluzas

¡El que se quiere perder
—no todos quieren guardarse—
busca a la mujer!

Tres veces dormí contigo,
tres veces infiel me fuiste,
morena, conmigo mismo.

Pasó Don Juan por tu calle,
y en tu balcón le dijeron:
suba un ratito, Don Nadie.

¡Linda dama de mis sueños
hablando siempre con otro,
con otro, sin darme celos!

¡Y esa gran placentería
de ruiseñores que cantan!
Ninguna voz es la mía.

Desde Sevilla a Sanlúcar,
desde Sanlúcar al mar,
en una barca de plata
con los remos de coral,
donde vayas, marinero,
contigo me has de llevar.

Segovia 1925

Apunte de sierra

Abrió la ventana.
Sonaba el planeta.
En la piedra el agua.
Hasta el río llegan
de la sierra fría
las uñas de piedra.
¡A la luna clara,
canchos de granito
donde bate el agua!
¡A la luna clara,
Guadarrama pule
las uñas de piedra!
Por aquí fue España,
llamaban Castilla
a unas tierras altas...

Noches de Castilla

¡Luna llena, luna llena,
tan oronda,
tan redonda,
en esta noche serena!
Alegre luna de marzo
tras el azul de la sierra,
tú eres un panal de luz
que labran blancas abejas.
Sobre los pinos del monte,
madona, sobre la piedra
del áspero Guadarrama,
miras mi ventana abierta.
Yo te veo, clara luna,
siempre pensativa y buena,
con tus tijeras de plata
cortando el azul en vendas,
o hilando la seda fina
de tus gusanos de seda.
Tú y yo, silenciosamente,
trabajamos, compañera,
en esta noche de marzo,

hilo a hilo, letra a letra
¡con cuánto amor! mientras duerme
el campo de primavera.

Los sueños

El hada más hermosa ha sonreído
al ver la lumbre de una estrella pálida,
que en hilo suave, blanco y silencioso
se enrosca al huso de su rubia hermana.
Y vuelve a sonreír porque en su rueca
el hilo de los campos se enmaraña.
Tras la tenue cortina de la alcoba
está el jardín envuelto en luz dorada.
La cuna, casi en sombra. El niño duerme.
Dos hadas laboriosas lo acompañan,
hilando de los sueños los sutiles
copos en ruecas de marfil y plata.

Guitarra del mesón que hoy suenas jota,
mañana petenera,
según quien llega y tañe
las empolvadas cuerdas.
Guitarra del mesón de los caminos,
no fuiste nunca, ni serás, poeta.

Tú eres alma que dice su armonía
solitaria a las almas pasajeras...
Y siempre que te escucha el caminante
sueña escuchar un aire de su tierra.

El rojo sol de un sueño en el Oriente asoma.
Luz en sueños. ¿No tiemblas, andante peregrino?
Pasado el llano verde, en la florida loma,
acaso está el cercano final de tu camino.
Tú no verás del trigo la espiga sazonada
y de macizas pomas cargado el manzanar,
ni de la vid rugosa la uva aurirrosada
ha de exprimir su alegre licor en tu lagar.
Cuando el primer aroma exhalen los jazmines
y cuando más palpiten las rosas del amor,
una mañana de oro que alumbre los jardines,
¿no huirá, como una nube dispersa, el sueño en flor?
Campo recién florido y verde, ¡quién pudiera soñar aún
largo tiempo en esas pequeñitas
corolas azuladas que manchan la pradera,
y en esas diminutas primeras margaritas!

La primavera besaba
suavemente la arboleda,
y el verde nuevo brotaba

como una verde humareda.
Las nubes iban pasando
sobre el campo juvenil...
Yo vi en las hojas temblando
las frescas lluvias de abril.
Bajo ese almendro florido,
todo cargado de flor
—recordé—, yo he maldecido
mi juventud sin amor.
Hoy, en mitad de la vida,
me he parado a meditar...
¡Juventud nunca vivida,
quién te volviera a soñar!

Eran ayer mis dolores
como gusanos de seda
que iban labrando capullos;
hoy son mariposas negras.
¡De cuántas flores amargas
he sacado blanca cera!
¡Oh tiempo en que mis pesares
trabajaban como abejas!
Hoy son como avenas locas,
o cizaña en sementera,
como tizón en espiga,
como carcoma en madera.
¡Oh tiempo en que mis dolores
tenían lágrimas buenas,

y eran como agua de noria
que va regando una huerta!
Hoy son agua de torrente
que arranca el limo a la tierra.
Dolores que ayer hicieron
de mi corazón colmena,
hoy tratan mi corazón
como a una muralla vieja:
quieren derribarlo, y pronto,
al golpe de la piqueta.

Renacimiento

Galerías del alma... ¡El alma niña!
Su clara luz risueña;
y la pequeña historia,
y la alegría de la vida nueva...
¡Ah, volver a nacer, y andar camino,
ya recobrada la perdida senda!
Y volver a sentir en nuestra mano
aquel latido de la mano buena
de nuestra madre... Y caminar en sueños
por amor de la mano que nos lleva.

En nuestras almas todo
por misteriosa mano se gobierna.

Incomprensibles, mudas,
nada sabemos de las almas nuestras.
Las más hondas palabras
del sabio nos enseñan
lo que el silbar del viento cuando sopla
o el sonar de las aguas cuando ruedan.

Tal vez la mano, en sueño,
del sembrador de estrellas,
hizo sonar la música olvidada
como una nota de la lira inmensa,
y la ola humilde a nuestros labios vino
de unas pocas palabras verdaderas.

Y podrás conocerte recordando
del pasado soñar los turbios lienzos,
en este día triste en que caminas
con los ojos abiertos.
De toda la memoria, sólo vale
el don preclaro de evocar los sueños.

Los árboles conservan
verdes aún las copas,

pero del verde mustio
de las marchitas frondas.
El agua de la fuente,
sobre la piedra tosca
y de verdín cubierta,
resbala silenciosa.
Arrastra el viento algunas
amarillentas hojas.
¡El viento de la tarde
sobre la tierra en sombra!

Húmedo está, bajo el laurel, el banco
de verdinosa piedra;
lavó la lluvia, sobre el muro blanco,
las empolvadas hojas de la hiedra.
Del viento del otoño el tibio aliento
los céspedes undula, y la alameda
conversa con el viento...
¡el viento de la tarde en la arboleda!
Mientras el sol en el ocaso esplende
que los racimos de la vid orea,
y el buen burgués, en su balcón enciende
la estoica pipa en que el tabaco humea,
voy recordando versos juveniles...
¿Qué fue de aquel mi corazón sonoro?
¿Será cierto que os vais, sombras gentiles,
huyendo entre los árboles de oro?

Varia

Tournez, tournez, chevaux de bois.
VERLAINE

Pegasos, lindos pegasos,
caballitos de madera.

Yo conocí, siendo niño,
la alegría de dar vueltas
sobre un corcel colorado,
en una noche de fiesta.
En el aire polvoriento
chispeaban las candelas,
y la noche azul ardía
toda sembrada de estrellas.
¡Alegrías infantiles
que cuestan una moneda
de cobre, lindos pegasos,
caballitos de madera!

Deletreos de armonía
que ensaya inexperta mano.
Hastio. Cacofonía

del sempiterno piano
que yo de niño escuchaba
soñando... no sé con qué,
con algo que no llegaba,
todo lo que ya se fue.

En medio de la plaza y sobre tosca piedra,
el agua brota y brota. En el cercano huerto
eleva, tras el muro ceñido por la hiedra,
alto ciprés la mancha de su ramaje yerto.
La tarde está cayendo frente a los caserones
de la ancha plaza, en sueños. Relucen las vidrieras
con ecos mortecinos de sol. En los balcones
hay formas que parecen confusas calaveras.
La calma es infinita en la desierta plaza,
donde pasea el alma su traza de alma en pena.
El agua brota y brota en la marmórea taza.
En todo el aire en sombra no más que el agua suena.

Coplas mundanas

Poeta ayer, hoy triste y pobre
filósofo trasnochado,
tengo en monedas de cobre

el oro de ayer cambiado.
Sin placer y sin fortuna,
pasó como una quimera
mi juventud, la primera...
la sola, no hay más que una:
la de dentro es la de fuera.
Pasó como un torbellino,
bohemia y aborrascada,
harta de coplas y vino,
mi juventud bien amada.
Y hoy miro a las galerías
del recuerdo, para hacer
aleluyas de elegías
desconsoladas de ayer.
¡Adiós, lágrimas cantoras,
lágrimas que alegremente
brotabais, como en la fuente
las limpias aguas sonoras!
¡Buenas lágrimas vertidas
por un amor juvenil,
cual frescas lluvias caídas
sobre los campos de abril!
No canta ya el ruiseñor
de cierta noche serena;
sanamos del mal de amor
que sabe llorar sin pena.
Poeta ayer, hoy triste y pobre
filósofo trasnochado,
tengo en monedas de cobre
el oro de ayer cambiado.

Sol de invierno

Es mediodía. Un parque.
Invierno. Blancas sendas;
simétricos montículos
y ramas esqueléticas.
Bajo el invernadero,
naranjos en maceta,
y en su tonel, pintado
de verde, la palmera.
Un viejecillo dice,
para su capa vieja:
«¡El sol, esta hermosura
de sol!...». Los niños juegan.
El agua de la fuente
resbala, corre y sueña
lamiendo, casi muda,
la verdinosa piedra.

Canción de despedida

Como se marcha el buen amigo,
y el melancólico bordón
pulsa Recuero en su guitarra,
cantad conmigo esta canción:
¡Torres de Segovia,
cigüeñas al sol!
Eduardo va de camino
por esos campos de Dios.
En los centenos amapolas,
en los zarzales blanca flor.
Verdad que el agua del Eresma
nos va lamiendo el corazón
y que al festín de mariposas
acude el negro abejarrón;
mas a la clara despedida
no le pongáis más de un bemol.
Y en esta tarde de verano
cantad a plena voz:
¡Torres de Segovia, etc...

Segovia, 1922

Este libro se terminó de
imprimir en los talleres gráficos
de Mateu Cromo, S. A., Pinto, Madrid, España,
en el mes de agosto de 2003.